Saggi

MARCO BRUCKNER

Verso destinazione ignota

Croazia, 1941:
diario di una deportazione

Prefazione di
Davide F. Jabes

SOLFERINO

SOLFERINO

www.solferinolibri.it

ISBN 978-88-282-1627-8
Prima edizione: gennaio 2025

Prefazione
La cornice della Storia

di Davide F. Jabes

Il compito di questa premessa non è ripercorrere per intero le vicende che portarono all'antico astio tra i popoli che costituirono il regno jugoslavo dopo la Prima guerra mondiale, quanto presentare una breve sintesi delle condizioni immediatamente precedenti al secondo conflitto mondiale.

Dopo il crollo delle potenze centrali nel 1918, fu creato uno Stato jugoslavo che tentò di fondere le sue componenti in ambito etnico e linguistico e di lasciare la questione della religione alla sfera individuale, prendendo per esempio i «moderni Stati europei». Tuttavia, mentre i serbi e i croati di Bosnia potevano guardare rispettivamente a Belgrado e a Zagabria, i musulmani furono lasciati liberi di oscillare tra le loro radici islamiche, ottomane, locali e slave. In un primo momento si allearono con i serbi, delle varie etnie la più forte, prendendo come punto di riferimento Belgrado, dove si assicurarono alcuni privilegi; ma diffidando della competizione tra i croati, che sostenevano il loro nazionalismo particolaristico, e i serbi, che si consideravano custodi e promotori dell'unità jugoslava, si concentrarono sempre di più sulla loro identità locale e religiosa sotto forma di Partito musulmano, mentre i serbi e i croati continuavano a sostenere che i musulmani di Bosnia avevano origini loro proprie.

Il regno jugoslavo, formatosi nel 1918, si integrò quindi in un unico Stato che comprendeva le nazioni slave meridionali di Croazia, Slovenia, Serbia, Bosnia-Erzegovina, Montenegro e Macedonia.

Ognuna di queste, protettrici di interessi contrastanti e di denominazioni religiose in competizione tra loro, scatenò più di una volta ampi scontri in tutta Europa, anche a causa dei mutevoli atteggiamenti occidentali nei confronti delle varie etnie in gioco. Per fare un esempio, la Gran Bretagna passò dall'appoggio indiscriminato al monarca jugoslavo a quello al generale Mihailović, per poi arrivare a sostenere, con Churchill, i partigiani di Tito. In quest'ultimo periodo, lo Stato filonazista degli Ustascia si stabilì sul territorio croato e bosniaco, subito dopo l'occupazione tedesca del 1941, e divenne per definizione ostile alla Serbia. Non ci volle molto perché questo Stato istituisse campi in Croazia, Bosnia e nell'isola di Pag, dove furono costruiti i principali centri di eliminazione fisica di serbi, ebrei e zingari, precedendo i campi nazisti in Germania e nell'Europa orientale che avrebbero fornito le strutture per la soluzione finale. I principali campi di Jadovno e Jasenovac furono la prova della determinazione degli Ustascia a rendere operativo lo slogan che circolava all'epoca: ucciderne un terzo (dei serbi nel territorio croato), espellerne un terzo e convertirne un terzo.[1] Stiamo parlando di oltre un milione di serbi che si trovarono intrappolati nello Stato ustascia, sia all'interno dei confini di quello che allora era il territorio storicamente popolato dai croati sia nella parte settentrionale della Bosnia-Erzegovina, che si trovava a quel punto sotto il dominio del nuovo Stato filonazista.

Anche tenendo conto dell'impopolarità dello Stato ustascia tra i croati e i bosniaci che lo costituivano, resta il fatto che coloro che servirono il regime di Pavelić (e furono almeno decine di migliaia), non solo combatterono contro i cetnici serbi (ovvero quelle milizie irregolari serbe attive sia contro gli occupanti tedeschi sia contro i partigiani di Tito) e si resero servi dei nazisti, ma costruirono anche i campi di sterminio di Jadovno e Jasenovac. Allo stesso modo, mentre i serbi non sperimentarono, e tanto meno idearono, l'orrore di erigere campi per radunarvi e annientare i loro avversari, il regime che instaura-

[1] Robert B. McCormick, *Gli Ustascia e la Croazia di Ante Pavelić. Il genocidio dimenticato di serbi, ebrei e rom nella Seconda guerra mondiale*, LEG Edizioni, Gorizia 2018, p. 101.

rono a Belgrado, per collaborare con i tedeschi in circostanze discutibili, aiutò i tedeschi a radunare ebrei, zingari e altri jugoslavi e infine a sterminarli, e servì gli scopi bellici dei nazisti. In ogni caso, in condizioni di guerra, in un Paese lacerato da controversie etnico-religiose e avvelenato da un profondo residuo di odio storico, nessun gruppo poté dirsi indenne da colpe, e meno di tutti gli Ustascia.

Il regime degli Ustascia

Gli alleati, e più modestamente i collaborazionisti, costituivano per Adolf Hitler una risorsa necessaria per non disperdere l'impegno militare tedesco anche nelle situazioni di controllo delle aree sottoposte all'influenza tedesca, mentre lui tentava di realizzare i suoi grandi obiettivi altrove.

Pertanto il non voluto intervento militare tedesco in Jugoslavia e la successiva occupazione della Grecia non furono mosse strategiche, ma piuttosto correttivi, mirati a proteggere il fianco dell'Asse, in particolare i pozzi petroliferi rumeni dalle eventuali mire di inglesi o russi e per aiutare il suo incapace alleato italiano.[2]

[2] Jean Lopez (a cura di), *La Wehrmacht. Oltre il mito: la vera storia dell'esercito di Hitler*, Giunti Editore, Firenze 2024, pp. 138-140.

Mentre Hitler prendeva l'Europa centrale passo dopo passo, non solo arruolò al suo fianco alleati volenterosi – come l'esperienza «di successo» di Quisling nella Norvegia occupata e del governo di Vichy di Pétain nel sud della Francia – ma fu probabilmente sorpreso di incontrare zelanti carnefici negli Ustascia croati, oltre che di scoprire che i lituani, i lettoni, gli ungheresi e gli ucraini nell'Europa dell'est non rifuggivano dall'uccisione di massa degli ebrei. Nella Jugoslavia occupata, lo scopo principale delle potenze dell'Asse era ripulire lo Stato degli Ustascia dalla sua popolazione serba, ebraica e zingara. I loro alleati ustascia non sembravano opporre alcuna resistenza a questo piano.

Gli Ustascia e i loro alleati musulmani praticarono una violenza più «spettacolare» rispetto a quella tedesca, che molti testimoni oculari descrissero come superiore alla crudeltà dei nazisti, con una differenza sostanziale. Mentre dopo la Conferenza di Wannsee lo sterminio degli ebrei d'Europa era in cima all'agenda nazista, gli Ustascia rivolsero la loro attenzione ai loro principali concorrenti, i serbi, sterminandone centinaia di migliaia, mentre gli ebrei e gli zingari erano un obiettivo secondario, e «solo» decine di migliaia di loro perirono in quel modo sotto il regime di Pavelić. I tedeschi, che pensavano all'industria e alla meccanizzazione, inventarono la loro modalità industriale di genocidio quando compresero che sparare a ogni singolo ebreo o zingaro era lento, costoso e troppo rischioso. Gli Ustascia non cercarono alcun modo sofisticato per eliminare i loro nemici, utilizzando di frequente lo strangolamento, gettando le loro vittime vive in fosse territoriali o in campi marittimi per farle annegare. Ed erano volenterosi nel portare a termine, senza restrizioni e senza timore di alcuna autorità, gli omicidi contro i loro nemici storici serbi e disprezzavano gli ebrei «assassini di Gesù» e il popolo rom, cogliendo l'occasione per «ripulire» la loro terra dai non cattolici (la collaborazione con i musulmani era solo una circostanza di guerra, nulla di programmatico).

La terra dell'odio

Subito dopo l'invasione tedesca della Jugoslavia, nell'aprile 1941, la Croazia dichiarò la propria indipendenza, sotto l'impulso dei nazionalisti croati. Seguendo la politica nazista, dichiararono i serbi, insieme agli ebrei e agli zingari, «nemici del popolo croato». Vennero lanciate massicce persecuzioni contro tutti e tre i popoli, con l'eliminazione di centinaia di migliaia di persone, con la partecipazione attiva dei croati cattolici e dei bosniaci musulmani (quelli inglobati nella cosiddetta Grande Croazia), almeno di quelli che sostenevano il regime degli Ustascia. I partigiani, per lo più comunisti ed ebrei, e alcuni cetnici realisti, ma non tutti i serbi né la maggior parte di essi, reagirono rapidamente e iniziarono la resistenza sia all'occupante tedesco sia ai suoi collaboratori locali. Le relazioni tra le fazioni in competizione erano così intricate che alla fine anche i cetnici e i partigiani, entrambi inizialmente dediti alla resistenza antitedesca e uniti in quell'impresa, si sarebbero divisi e messi l'uno contro l'altro.

L'invasione della Jugoslavia da parte dell'Asse, lanciata il 6 aprile 1941 e completata undici giorni dopo, creò una nuova situazione nei Balcani. Lo Stato Indipendente di Croazia (Nezavisna Država Hrvatska, abbreviato in NDH) era guidato dal colonnello Edmund Veesenmayer, con il leader degli Ustascia, Ante Pavelić, come Poglavnik (Führer). Hitler aveva in precedenza sostenuto una Jugoslavia unita che si sarebbe alleata a lui nel Patto Tripartito, ma il colpo di Stato organizzato quel mese da un gruppo di ufficiali dell'esercito serbo, contro l'Alleanza tedesco-jugoslava, lo spinse a prestare il suo appoggio agli Ustascia, un raggruppamento di militanti fascisti in Croazia, che fino ad allora non godeva di un grande favore popolare locale, e che non conquistò mai un grande elettorato. In effetti la scelta tedesca fu quella di dare il sostegno a un gruppo ristretto di fanatici. Alla Conferenza di Vienna del 21-22 aprile 1941, furono delimitati i confini della Bosnia-Erzegovina, inglobata interamente nella NDH. Il 18 maggio fu firmato l'accordo di Roma tra l'Italia e lo Stato ustascia, che lasciava le isole adriatiche di Brac e Hvar nelle mani degli occupanti. La popolazione totale della Grande Croazia a quel tempo fu determinata in 6.285.000 persone, di cui 3.300.000 croati, 1.925.000 serbi e 700.000 sloveni, il che significa che i croati costituivano poco più della metà della popolazione totale e che tra i croati erano compresi anche i bosniaci, considerati croati di fede musulmana. Il 30 aprile gli ebrei erano già stati privati del diritto di movimento e, a partire dal 23 maggio, erano stati tutti costretti a indossare la Stella di David gialla per l'identificazione. Ma il loro arresto di massa per presunte «attività antistatali», a Sarajevo e altrove, e la deportazione nei campi di sterminio iniziarono solo pochi giorni dopo l'entrata in vigore delle nuove leggi discriminatorie in Croazia.

Tra agosto e novembre 1941, fu completato il rastrellamento degli ebrei dalle piccole città, cosicché, all'inizio del 1942, della popolazione ebraica prebellica di Sarajevo, che ammontava a diecimila persone, rimanevano solo poche centinaia. Gli ebrei furono sterminati principalmente dai nazisti e dagli Ustascia, piccoli gruppi furono eliminati anche dai cetnici, dalle truppe SS musulmane e dalle forze italiane; tuttavia, la maggior parte fu giustiziata nei campi di concentramento all'interno della NDH, cosicché il quarto gruppo etnico in Bosnia, dopo i musulmani, i serbi e i croati, fu effettivamente eliminato dalla scena bosniaca. Al contrario, una percentuale di ebrei scampati alle prime persecuzioni divennero uno dei gruppi più fedeli nel sostegno ai partigiani: in 4.572 combatterono nelle loro file. La popolazione zingara della Bosnia, che contava circa trentamila persone, fu quasi completamente spazzata via dai nazisti e dagli Ustascia.

Ante Pavelić, il cui nome è stato irrevocabilmente legato allo Stato ustascia e agli orrori che ha commesso, non era la prima scelta dei nazisti per guidare il loro Stato fantoccio in Croazia-Bosnia. Prima del colpo di Stato del 27 marzo, e dopo che il principe Pavel aveva giurato fedeltà a Hitler, i nazisti non avevano alcun interesse a smantellare la Jugoslavia, nonostante l'ambizione italiana di annettere l'intera costa croata. Pertanto Mussolini, che da prima della guerra aveva cercato, al contrario di Hitler, di alimentare le divisioni tra le varie fazioni jugoslave, incoraggiò piuttosto il separatismo croato e il colpo di Stato serbo gli fornì il pretesto per agevolarlo, poiché gli ordini del Führer consentivano all'Asse e ai suoi partners (Germania, Italia, Ungheria e Bulgaria) di annettere a sé parti dei territori occupati, purché rimanessero due zone di influenza principali: Germania e Italia. Così, la Wehrmacht entrò a Zagabria il 10 aprile e il giorno dopo invitò Pavelić ad annunciare una Croazia «indipendente». Pavelić non era certo popolare, se non tra gli estremisti, per cui i tedeschi si rivolsero dapprima al ben più famoso presidente del Partito dei contadini, Vladko Maček, per farne una sorta di maresciallo francese Pétain, ma questi declinò ogni offerta di collaborazione con gli occupanti. Pavelić fu la scelta successiva per difetto.

Già alla fine della Prima guerra mondiale, i croati avevano sostenuto l'idea di uno Stato slavo meridionale (Yugo-Slavia), pur temendo il predominio serbo nella federazione, perché speravano che la forza serba avrebbe garantito loro protezione, soprattutto dalle ambizioni italiane sulle loro coste, e assicurato loro la libertà dal dominio austriaco e ungherese. Pensavano che, insieme ai serbi e agli sloveni, avrebbero potuto costruire un nuovo Stato e una nuova società in cui tutte e tre le etnie sarebbero state uguali, per cui accettarono di essere governati da Belgrado da un re serbo.

Ante Pavelić era, all'epoca, presidente dell'Ordine degli Avvocati della Croazia e membro del Parlamento federale di Belgrado, quando assistette all'omicidio di Stjepan Radić, allora leader del Partito rurale croato (in effetti un Partito dei contadini), ucciso da un deputato radicale montenegrino, che scatenò una ribellione croata e indusse il governatore reale a sospendere la Costituzione, a sciogliere il Parlamento, a mettere fuori legge tutti i partiti politici, ad abolire la libertà di parola e di riunione e a lanciare la censura sulla stampa e gli arresti di massa, culminando nella dittatura di re Alessandro nel 1929.

Pavelić si rifugiò in Ungheria, deciso a lottare per l'indipendenza croata, anche con le armi e il terrore, e fondò, insieme a Gustav Perčec, l'Organizzazione rivoluzionaria ustascio-croata. *Ustati*, che significa «alzarsi in piedi», era la radice della parola. I fondatori cercarono di creare unità semimilitari di Ustascia in Ungheria e dal 1930 costruirono basi di addestramento nell'Italia di Mussolini. Le loro armi provenivano sia dall'Italia sia dall'Ungheria, cosicché gli Ustascia divennero un braccio armato di Mussolini nei Balcani; in Jugoslavia, però, rimasero fuori legge, come qualsiasi altro partito, nonostante l'ampio sostegno che riscuotevano tra i contadini, i non istruiti e i poveri. Nel 1932 le unità ustascia attaccarono una base dell'esercito jugoslavo, che era essenzialmente serba, cosa che scatenò una rappresaglia contro i civili croati, nonostante questi non fossero coinvolti nell'incursione ustascia e negassero ogni contatto con quella formazione. Complessivamente, alla vigilia della guerra, gli Ustascia in effetti potevano contare solo su circa ventimila sostenitori in patria, che costituivano il nocciolo duro e la base solida dell'organizzazione. Sotto l'occupazione nazista, Pavelić fuse il suo odio per i serbi, la sua ardente aspirazione all'indipendenza e il suo disprezzo per i comunisti e gli ebrei in un'ideologia ustascia che era crudele, fanatica, antisemita e omicida quanto quella nazista. Il 15 aprile 1941, dopo essersi accordato segretamente con Mussolini per cedergli la costa croata e le sue isole, Pavelić entrò a Zagabria con duecento uomini della sua banda su carri armati italiani.

Inizialmente, poiché gli italiani speravano di controllare l'intero Stato ustascia, esso fu fondato come protettorato italiano. Pavelić chiese che a regnare fosse il re italiano Vittorio Emanuele III, ma questi passò l'incarico al suo giovane nipote, Aimone duca di Aosta, che si rivelò un inutile orpello una volta che il presunto Stato indipendente fu diviso tra due zone di influenza sotto la Germania e l'Italia. Mentre gli italiani esercitavano un dominio civile e militare diretto nella loro metà, i tedeschi mantenevano presidi nelle grandi città del dominio ustascia e in tutta la Jugoslavia, con attività e gerarchie naziste tra cui SS, Einsatzgruppen, Gestapo e i dipartimenti che si occupavano dell'eliminazione degli ebrei sotto la loro giurisdizione: a Zagabria, Sarajevo e Osijek in Croazia-Bosnia (lo Stato ustascia), a Novi Sad (occupata dall'Ungheria) e a Skopje (occupata dalla Bulgaria). La base del potere di Pavelić era il quartier generale degli Ustascia, mentre lo Stato da lui dichiarato non era altro che una scatola vuota: era lui a decidere, con pieni poteri.

Pavelić dichiarò immediatamente una guerra totale contro i comunisti, che all'epoca erano identificati come partigiani al comando di Josip Tito, e il resto degli «elementi indesiderati», come i serbi, gli ebrei, gli zingari e i dissidenti croati. Furono tutti epurati dal servizio statale, dai media, dalle forze armate e dalle professioni. Gli omicidi sistematici iniziarono alla fine di aprile, quando gruppi di serbi furono scelti per essere arrestati. A maggio, Pavelić ordinò alle sue forze di convertire una parte dei serbi al cattolicesimo, sotto la minaccia di espulsione, morte e confisca delle proprietà in caso di fallimento. Si dice che Hitler abbia incoraggiato Pavelić a trasferire gli sloveni in Croazia e i serbi dalla Croazia alla Serbia, secondo un progetto di «cinquant'anni di intolleranza nazionale». In effetti, nel giro di sei mesi, gli Ustascia espulsero 120.000 serbi in Serbia, innescando la fuga di molte altre migliaia di persone. Si stima che circa 250.000 si convertirono al cattolicesimo e decine di migliaia di altri vennero radunati in campi, in particolare a Jadovno e Jasenovac, e sterminati. Ma quando gli Ustascia si resero conto che la persecuzione dei serbi li incoraggiava a unirsi ai partigiani e ai cetnici, cambiarono la loro politica fino al punto di prestare assistenza medica nel loro Stato.

Pur essendo formalmente all'interno della zona d'interesse italiana, lo Stato degli Ustascia era, dal punto di vista ideologico, molto più vicino al modello tedesco-nazista che a quello italiano-fascista. La nuova struttura statale fu costruita molto rapidamente. Nel 1941, dopo un appello pubblico del vicepresidente del governo jugoslavo, Vladko Maček, altri membri dell'élite si misero a disposizione del nuovo governo. Un ruolo molto importante fu svolto anche dalla Chiesa cattolica romana nel sostegno al nuovo Stato, così come un ruolo cruciale era stato svolto dalla gerarchia ortodossa nello Stato serbo. In effetti, nel bene e nel male, il cattolicesimo si era fuso con il nazionalismo croato, così come l'identità serba era allineata alla Chiesa ortodossa, e l'inimicizia tra le fedi rivali alimentò lo scontro etnico che ancora oggi non si è spento.

Alla base dell'organizzazione nazionalista degli Ustascia c'era innanzitutto la sua componente antiserba, rafforzata dal razzismo antisemita. Questa ideologia divenne immediatamente la politica del nuovo regime. Una legislazione oppressiva diede un peso pseudo-giuridico all'applicazione della politica nazionale e razziale croata, che perseguiva la creazione di uno Stato omogeneo di croati cattolici, con musulmani temporaneamente tollerati, e che era determinata ad annientare serbi, ebrei e zingari, nonché i nemici politici, come i comunisti e altri nazionalisti jugoslavi. All'impianto di una rete di campi fu data la massima priorità. Il processo di distruzione dei serbi iniziò nelle loro aree etniche, principalmente nei villaggi, ma dalla fine di aprile del 1941, e soprattutto da giugno, la maggior parte delle esecuzioni fu condotta metodicamente e su scala massiccia nei campi di sterminio appena costruiti, con il centro a Gospić. Il processo di distruzione degli ebrei, che faceva parte dell'Olocausto ideato dai nazisti, si svolgeva nella rete di campi. Tra i campi di raccolta, da cui i prigionieri partivano per Gospić, i più importanti erano Koprivnica e Zagabria.

La Germania e i suoi alleati iniziarono a perseguire la loro «crociata» quando attaccarono l'Unione Sovietica il 22 giugno 1941 e lanciarono l'uccisione indiscriminata degli ebrei nei territori occupati, anche se il loro sistema di campi di sterminio sarebbe stato inaugurato solo tra la fine del 1941 e l'inizio del 1942. Dunque, i campi di sterminio della NDH precedettero l'industria della morte nazista che si concentrava nella Polonia occupata.

Nei campi di sterminio si portava a termine il genocidio deciso dai responsabili politici, sia nelle cancellerie naziste sia in quelle dei loro alleati ustascia. Senza una decisione onnicomprensiva di questo tipo, che non solo approvava le uccisioni, ma ne aiutava e facilitava l'attuazione, non sarebbe stato possibile un genocidio su larga scala. Per poter attuare un simile disegno criminale bisognava in brevissimo tempo creare un sistema «legale» e culturale che disumanizzasse gli ebrei e le altre vittime, fornendo una forte legittimazione sociale al compito degli assassini.

Una donna croata, Marija Josipova Obajdin, che nel 1945 ha rilasciato una deposizione in tribunale sul genocidio serbo del 1941-1945, offre un esempio del cambio di paradigma rispetto a quelli che fino a poco tempo prima della guerra erano i suoi vicini e concittadini:

> «Nell'estate del 1941 lavoravo come cuoca a Slunj... Ho visto che portavano i serbi e li mettevano nelle celle della prigione, per poi portarli a uccidere durante la notte, dopo averli derubati. Una mattina presi un piccone e andai a scavare patate. Quando arrivai alla foresta di Lalic, vidi una donna seduta accanto a una buca nel terreno in cui gli Ustascia gettavano i corpi dei serbi massacrati. La donna era stata pugnalata più volte e sanguinava copiosamente. Cercava di parlare, ma non riuscivo a capire nulla. Mi sono avvicinata e l'ho colpita due volte alla testa con il piccone che avevo in mano, dopodiché è caduta a terra e non ha più dato segni di vita. Era Milka Zec di Zecheva Varosh. Più tardi continuai a scavare patate.»[3]

[3] Testimonianza citata da Vladimir Umeljić in *Social-psychological aspects of the phenomenon of genocide (in the light of the definitionism-theory)*, http://jadovno.com/arhiva/vladimir-umeljic-social-psychological-aspects-of-the-phenomenon-of-genocide-in-the-light-of-the-definitionism-theory.html (visto il 28-10-2024).

Gli intellettuali serbi e gli studenti ebrei furono in prima linea tra le vittime delle esecuzioni di massa compiute a Jadovno e poi a Jasenovac sotto il regime degli Ustascia, poiché erano identificati come «elementi che dissolvono la nazione croata». Insieme agli intellettuali, gli Ustascia arrestarono infatti 165 giovani ebrei, per lo più studenti e sportivi, tra cui l'intero club dei Maccabi di Zagabria.

Così, in un'ironica svolta della Storia, i serbi che detestavano gli ebrei furono sottoposti anch'essi al genocidio di pari passo con l'attuazione della Shoah, in stile ustascia, prima a Jadovno e poi a Jasenovac.

C'era certamente una grande differenza tra il croato Pavelić, capo dello «Stato indipendente» della NDH, che come i suoi omologhi Quisling e Pétain gestiva uno Stato autonomo, in stretta collaborazione con i nazisti e sotto le limitazioni da loro imposte, e il generale serbo Milan Nedić che lavorava direttamente sotto la quotidiana e stretta supervisione tedesca del comandante nazista del fronte jugoslavo situato a Belgrado. In un certo senso, la presenza tedesca in Serbia era molto più sentita nelle sue strade che nelle città e nei villaggi della Croazia, ma lì gli italiani colmarono questa lacuna. D'altra parte, nonostante Nedić avesse dei forti pregiudizi antisemiti, la sua politica verso gli ebrei non fu apertamente genocida, tanto che alcuni studiosi paragonarono la sua gestione governativa a un *Judenrat* (una sorta di organismo di controllo locale degli ebrei), sotto la supervisione nazista, quindi non eresse campi di sterminio, anche se collaborò, o chiuse un occhio, sulle pratiche di sterminio dei nazisti sul territorio che teoricamente controllava.[4] Si tratta di due stati di cose e di mentalità diversi, che devono essere tenuti costantemente in considerazione quando si confrontano, si analizzano, si criticano o si giudicano le situazioni comparate, comprese le pratiche di genocidio, al di là dei confini tra queste due entità sottomesse, poi riunite sotto un unico governo federale e quindi nuovamente divise in un'aspra rivalità durante la guerra degli anni Novanta e in seguito.

Teoria e pratica dello sterminio

Mentre il governo Nedić allestiva a Belgrado una mostra antimassonica, che in effetti era principalmente antisemita, volta a disumanizzare gli ebrei e a giusti-

[4] Lo *Judenrat* (Consiglio ebraico) nella prima fase della persecuzione antiebraica (1935-1941) fu considerato «un organo di mediazione effettiva tra la comunità ebraica tedesca e le autorità naziste [...]. Gli Judenräte dei territori occupati, invece, furono sin dall'inizio resi complici dell'organizzazione pratica della concentrazione e dello sterminio». https://www.yadvashem.org/odot_pdf/Microsoft%20Word%20-%206389.pdf (visto il 26-10-2024).

ficare il loro annientamento da parte dei nazisti, anche gli Ustascia aprirono la loro mostra antisemita per giustificare la decimazione delle loro comunità ebraiche, per contrastare il presunto dominio ebraico della stampa e della finanza americana, in particolare il controllo del «New York Times». Questo tipo di propaganda antisemita serviva a presentare gli ebrei come un corpo estraneo e ostile alla comunità. Gli ebrei erano allo stesso tempo capitalisti e comunisti e la presunta forza segreta che dominava tutti gli aspetti della vita economica europea e mondiale. Le lunghe file alla biglietteria, durante i tre mesi di apertura, certificarono il successo di questa iniziativa. L'esposizione mostrava lo sviluppo degli ebrei e le loro «azioni distruttive» in Croazia prima dell'arrivo dei salvatori tedeschi il 10 aprile.

Il principale sforzo operativo genocida degli Ustascia si concentrò nei due campi principali di Jasenovac e Jadovno sotto la loro giurisdizione. Tuttavia, quando le province serbe di Zemun e lo Srem orientale furono consegnati agli Ustascia, la loro regola del terrore contro gli ebrei (e altri) fu immediatamente applicata: saccheggio delle proprietà ebraiche, sfratto delle famiglie ebraiche dalle loro case, uso di violenza illimitata contro di loro, imposizione di lavori forzati, estorsione e ricatto delle comunità ebraiche, distruzione di sinagoghe e cimiteri e deportazione in massa degli ebrei nei campi di sterminio, compresi gli ebrei di Zemun, che furono radunati nella notte tra il 26 e il 27 luglio 1942. Prima dell'alba, gli uomini arrestati furono trasportati a Jasenovac, le donne e i bambini a Stara Gradiška. La maggior parte delle 573 vittime dell'Olocausto di Zemun, così come di altre zone di Srem, fu uccisa in questi campi ustascia. Così, su un totale di 2.800 ebrei che vivevano a Srem prima della guerra, circa 2.500, ovvero quasi il 90%, furono uccisi, rendendo Srem – l'unica area della Serbia controllata dagli Ustascia – la regione con il più alto tasso di vittime ebree.

Le stime più aggiornate parlano di circa trentamila ebrei sterminati dagli Ustascia all'interno della loro giurisdizione, nonostante il fatto che alcuni dei principali leader croati avessero stretti rapporti familiari con gli ebrei. La stessa moglie di Pavelić, Mara, era di origine ebraica, così come Olga, moglie di Slavko Kvaternik, il comandante militare dello Stato, il cui figlio, Eugen, ebbe un ruolo nella creazione dell'apparato di sicurezza che terrorizzava gli ebrei (così come i serbi e gli zingari). Nella nuova Croazia alcune teorie cospirazioniste ipotizzano persino che gli ebrei sarebbero stati, durante la guerra, al comando della NDH, il che significa che sono accusati della loro stessa distruzione.

La cifra stimata di circa trentamila ebrei sterminati sotto gli Ustascia non include i rifugiati ebrei provenienti da altri Paesi che si trovavano temporaneamente nella NDH, né le settecento vittime ebree che erano membri attivi dell'esercito jugoslavo (e che erano «colpevoli» di aver servito in quella forza militare dominata dai serbi), o più tardi nelle forze partigiane, cosa che contribuì a giustificare lo status di «criminali» affibbiatogli dai croati a causa delle loro tendenze «comuniste» quando si arruolarono nelle file di Tito, unica loro possibilità di sfuggire al rastrellamento e all'eliminazione da parte dei nazisti e degli Ustascia. Dato che l'80% degli ebrei jugoslavi perse la vita nel 1941 e nel 1942, la quasi totalità nei campi di concentramento, sia nazisti in Serbia sia ustascia nella NDH allargata, il grande Stato croato divenne, tenuto conto delle percentuali di ebrei presenti nei vari Paesi sotto occupazione nazista, l'autorità locale che sterminò autonomamente più israeliti.[5] In tutti gli altri luoghi, tra cui Serbia, Polonia e Francia, nonostante le autorità locali collaborassero con i nazisti, volontariamente o per forza, i tedeschi erano costretti a fare il lavoro sporco dello sterminio in prima persona. Infatti, se da un lato lo Stato croato agì a pieno ritmo per annientare gli ebrei che aveva incarcerato, dall'altro sollecitò i tedeschi a deportarne il maggior numero possibile nei campi dell'Est, una volta che dopo Wannsee fu avviato il progetto

[5] Georges Bensoussan, *Atlante della Shoah. 1939-1945*, LEG Edizioni, Gorizia 2018, p. 142.

della soluzione finale. Dopo aver «arianizzato», cioè confiscato o distrutto tutte le proprietà ebraiche, nell'ottobre 1941 gli Ustascia avanzarono la loro prima richiesta ai tedeschi di deportare gli ebrei che la loro macchina di sterminio, molto più lenta, non aveva ancora avuto il tempo di eliminare. Nell'agosto 1942, cinquemila di loro furono spediti verso est.

Nel dicembre 1942, uno degli assistenti di Eichmann stimò che i croati detenessero ancora duemila ebrei nei campi degli Ustascia e, nell'aprile-maggio 1943, i tedeschi li trasportarono nei loro campi di sterminio. Gli ultimi mille detenuti di Jasenovac si liberarono il 22 aprile 1945. Solo 129 di loro sopravvissero a questa fuga ribelle e trasmisero le loro memorie. La maggior parte delle vittime ha parlato delle pratiche di sterminio uniche degli Ustascia, che sono state immortalate in libri come *Sasečeno stablo Danonovih* («L'odore della carne umana») di Cadik Danon Braco e *Svjedok Jasenovačkog pakla* («Testimone dell'inferno di Jasenovac») di Ilija Ivanović, entrambi in serbo-croato. A sostegno della durezza dei campi di Pavelić, seppure con le dovute proporzioni, le statistiche hanno rilevato che, mentre il tasso di mortalità tra i detenuti di Auschwitz era dell'84,6%, a Jasenovac era dell'88%.

È interessante comprendere come uno Stato così piccolo e nuovo, non particolarmente avanzato, abbia potuto partecipare alla Shoah con risultati così enormi, se posti in proporzione alla sua modesta popolazione. È un caso quasi unico negli annali dell'Europa bellica, se paragonato alle orribili operazioni di omicidio di massa su scala più ampia, «a catena», industrializzate in Germania e nei suoi territori occupati.

Eppure, una percentuale maggiore di ebrei croati rispetto a quelli serbi è sopravvissuta alla Seconda guerra mondiale. Questo grazie soprattutto all'esercito italiano, il cui territorio occupato offriva una possibilità di salvezza molto più alta che nella NDH o nella Serbia controllata dai tedeschi. A livello storiografico, si conviene sul fatto che il principale motivo che spinse il governo italiano a praticare una politica differente verso gli ebrei nei territori sotto sua occupazione fosse da ricercarsi nella volontà mussoliniana di sottolineare una qualche indipendenza dell'Italia dal più potente alleato tedesco. Vi sono poi altri fattori che esamineremo più avanti. Si stima che fino a 10.000 ebrei jugoslavi siano sopravvissuti alla guerra nascondendosi, fuggendo o vivendo sotto la prigionia italiana. Circa 4.500 di loro sono sopravvissuti grazie alla partecipazione al movimento partigiano, e circa 1.200 sono rimasti in vita nascondendosi in Croazia, mentre circa 500 sono sopravvissuti nei campi di prigionia tedeschi.

Verso destinazione ignota

A mio nonno Bruno

Introduzione

L'arrivo a Ferrara è quello solito. Caldo asfissiante estivo, novantacinque per cento di umidità, mio padre in ritardo per venirmi a prendere in stazione. Entro in casa e anche qui la scena è quella di sempre: il nonno Bruno che fuma la pipa sdraiato sulla poltrona reclinabile e qualche discutibile programma calcistico alla tv. I soliti saluti, il solito pranzo con tortelli di zucca accompagnati da coppie ferraresi, la solita stravaccata sul divano al termine del pasto. C'è solo un'assenza ed è ingombrante, quella della nonna: il Parkinson se l'è portata via dopo tanti anni di sofferenze. Io e papà aiutiamo il nonno a disfarsi di roba vecchia, che ha accumulato un po' per pigrizia un po' per nostalgia. Nell'aprire e chiudere cassetti trovo vecchi arnesi, utensili, e in quelli della scrivania del nonno, tra le varie penne, raccoglitori e infiniti gadget del Milan, riconosco un manoscritto. O meglio, la fotocopia di un manoscritto.

È il diario della mia bisnonna Medea, la mamma del nonno Bruno, che racconta di quando furono deportati nei campi di concentramento in Croazia. L'ho letto tante volte fin da bambino, mi ha sempre emozionato e incuriosito. Ho sempre trovato difficile immaginare mio nonno, ai tempi solo undicenne, in un campo di concentramento della Seconda guerra mondiale. Sarà perché l'ho sempre visto come un anziano buono ma burbero. O forse, molto più semplicemente, non abbiamo mai parlato di quegli eventi in maniera approfondita, come se l'argomento fosse tabù senza in realtà esserlo. Le storie le conosciamo, sono lì, lasciate per iscritto dalla nonna Medea, come la chiama papà. Lei conosceva bene l'italiano e ci ha lasciato un manoscritto chiaro, ben costruito. Era la mia bisnonna ma non l'ho mai conosciuta, e non ho mai potuto chiederle nulla di più su quello che ha lasciato scritto.

Il nonno è di là, con l'occhio azzurro che si chiude tra un tiro di pipa e l'altro, pronto a commentare l'ultimo presunto obiettivo di mercato del Milan. La vecchiaia e la solitudine non gli hanno tolto la voglia di scherzare, nonostante, a oltre novant'anni, l'energia non possa più essere quella di prima. Mi siedo sul divano vicino alla sua poltrona, con il manoscritto in mano, cercando di farmi coraggio per chiedergli qualcosa di più su quell'anno così terribile per lui e per il resto della sua famiglia, il 1941.

Correrò il rischio di infastidirlo, ho deciso: Medea non c'è più, così come Nada, la sorella maggiore del nonno, che aveva condiviso quelle esperienze. Se voglio sapere qualcosa di più su quello che è successo, sulle emozioni, sulle paure, sulle privazioni, l'unico uomo che può darmi delle risposte è qui accanto a me.

Penso anche che sia il momento giusto in cui farsi raccontare questa storia. Ora che io sono più grande, che la nonna non c'è più e che il nonno ha meno faccende a tenerlo impegnato. I superstiti della Shoah sono sempre meno, ma le loro testimonianze non hanno perso di importanza: al contrario, con il mondo di nuovo infiammato dalla guerra. Mio nonno spesso paragona l'attuale situazione in Ucraina con quanto era accaduto negli anni Quaranta, mettendo in parallelo la Germania di Hitler alla Russia di Putin: un paragone che farebbe probabilmente storcere il naso agli storici e a molti analisti, ma che nasce dalle sensazioni che lui ha vissuto da piccolo. Allora, dice, dipendeva da altri, e ora sta vivendo sensazioni analoghe da anziano, nuovamente dipendente, almeno in parte, da altri: sa bene che non rischia di essere nuovamente deportato, ma sente calare sul mondo la stessa ombra di quei tempi bui.

Io non so se quanto stia accadendo intorno a me sia presagio di una terza guerra mondiale, che sarebbe probabilmente definitiva; e non potrei fare paragoni con la situazione degli anni Quaranta. Personalmente ho memoria di due grossi eventi globali, la crisi economica del 2008 e la pandemia, che hanno destabilizzato la società in modo paragonabile a una guerra, per come hanno messo in discussione i paradigmi dei nostri tempi, primo fra tutti la globalizzazione. Ero cresciuto nell'illusione che la guerra non mi avrebbe mai toccato ma ho visto, in età e con maturità diverse, il mio Paese affrontare una crisi che l'ha portato vicino al default e una pandemia che ha messo in ginocchio il mondo intero, e ora vivo il ritorno della guerra in Europa, a poca distanza dai confini del nostro Paese.

Oggi, ritrovare quel diario che conosco bene, o che pensavo di conoscere, mi ricorda che mio nonno può aiutarmi a capire e a gestire un'ansia che si fa sempre più profonda nella mia generazione. Lui, della paura, e della guerra, può parlare per esperienza e non per sentito dire, e purtroppo non sarà qui per sempre a poter raccontare quanto ha vissuto.

Trovo il coraggio e faccio la domanda. «Nonno, ma non è che... mi potresti raccontare un po' più nel dettaglio quanto accaduto durante la guerra, con la deportazione, i campi di concentramento, più in generale quello che hai vissuto?»

Lui, all'inizio, rimane un po' spiazzato. Sistema la poltrona in posizione verticale, come per sottolineare che si sta passando a un argomento delicato. Quando inizia a parlare, però, sono io a rimanere spiazzato. L'ultima frase che mi sarei aspettato di sentire, infatti, era: «Nella vita sono stato molto fortunato». Notando la mia sorpresa, il nonno cerca di spiegare: «Sono fortunato perché ho visto la morte su molte rive, ma alla fine sono qui, a parlare con mio figlio e mio nipote». Parole che mi fanno capire come l'esperienza di ognuno possa cambiare completamente l'interpretazione di un concetto: una persona che ha visto la morte vede la fortuna nell'essere ancora vivo più che la sfortuna di essere stato perseguitato e di aver rischiato la pelle. Sono parole che il nonno forse ha detto d'istinto, ma le trovo fondamentali per capire la storia.

E come in ogni storia che si rispetti, la prima cosa sono le fondamenta, cioè le origini della famiglia, che il nonno definisce un esempio di «quel che restava dell'impero austroungarico». Allude alle diverse etnie e nazionalità da cui erano composte le famiglie dei suoi genitori, ovvero i Bruckner, da parte di padre, e gli Eppinger, da parte di madre. Il ramo italiano è il secondo: il cognome Eppinger è relativamente conosciuto a Trieste, città in cui la mia famiglia possedeva negozi di dolciumi. Ma proseguiamo con ordine.

Il nucleo familiare del nonno, ovvero i protagonisti del diario di Medea, erano Carlo e Medea, i genitori, e Nada e Bruno, i figli. La famiglia viveva a Zagabria, oggi capitale della Croazia, ai tempi città jugoslava. Carlo era direttore di una fabbrica di birra, chiamata «Union», con sede a Lubiana, nell'attuale Slovenia. Medea, casalinga, era italiana e proveniva dall'alta borghesia, una delle più importanti famiglie ebraiche di Trieste. È curioso come l'identità ebraica venga menzionata dal nonno quasi di passaggio, dopo altre informazioni: dopotutto, il dolore di quegli anni nasce proprio da questo. Lui invece ha sottolineato prima altri dettagli, apparentemente meno rilevanti. Questo perché la sua famiglia era sì ebrea, ma non particolarmente religiosa. Non era nell'ebraismo che si identificavano. Non a caso, la famiglia non esitò a farsi battezzare non appena iniziarono le persecuzioni nei confronti degli ebrei.

Al mio bisnonno Carlo fu addirittura chiesto di ospitare una notte Ante Pavelić, futuro capo degli Ustascia (milizie fasciste tutt'altro che favorevoli agli ebrei, e che sarebbero state responsabili della loro deportazione), e lui accettò, dopo essersi assicurato che i suoi figli avessero un altro luogo in cui poter dormire. Il nonno non si ricorda chi fu a chiedere questa cortesia a suo padre, ma ricorda bene come, in seguito, Medea insistesse con Carlo per sfruttare questa conoscenza e cercare di evitare le persecuzioni, cosa che però il mio bisnonno non volle mai fare. Temeva una caduta di stile, non voleva attirare l'attenzione, aveva sottovalutato la gravità della situazione? Mio nonno non lo sa, ma ricorda bene questo passaggio, che sottolinea il modo in cui tutti gli ebrei furono colpiti, indipendentemente dalle simpatie politiche che potevano aver mostrato.

L'appartenenza religiosa era più viva per il ramo materno della famiglia, gli Eppinger, e in particolare Raffaele, papà di Medea, imprenditore e cavaliere del lavoro molto noto a Trieste, si spese per organizzare navi di profughi dirette verso Israele, il cui territorio era sotto la dominazione inglese. Raffaele ebbe anche un ruolo, come vedremo, nel salvataggio della famiglia.

Preso dal racconto, il nonno inizia a nominare i parenti più diversi, finché non lo interrompo con una domanda: «Ma prima della deportazione, come stavate?».

«Benissimo» mi risponde seccamente. Mi racconta di come la sua famiglia fosse ben integrata e fortunata da un punto di vista economico. «Avevamo anche la macchina» sottolinea, per poi puntualizzare che in realtà si trattava del mezzo della ditta. «Ho avuto un'infanzia felice» ripete più volte. Per lui, nato nel 1930, l'infanzia finì dunque senza rimedio nel 1941, anno della deportazione. Perché di felice, in ciò che verrà raccontato dopo, non c'è nulla.

Prima, però, la famiglia Bruckner era in una posizione invidiabile. Il nonno sembra volerlo sottolineare tirando fuori foto di quei tempi, sopravvissute per chissà quali vie alla guerra, e mostrandomi visi, volti, abiti dei familiari, di cui ricorda bene personalità e aneddoti. Racconta del suo cane, dei suoi compagni di gioco. Quasi si perde nella nostalgia, scordandosi per un attimo l'argomento della nostra conversazione.

La vita della sua famiglia cambiò rapidamente con l'arrivo al potere degli Ustascia. Con Pavelić al comando, in Croazia furono imposte leggi razziali del tutto simili a quelle presenti nella Germania nazista e nell'Italia fascista. Gli ebrei non potevano frequentare determinati luoghi, dovevano portare segni distintivi, e infine cominciarono le deportazioni in campi di concentramento e sterminio. Il tutto a un ritmo decisamente più veloce rispetto a Germania e Italia, che avevano promulgato le leggi razziali anni prima.

Eppure, all'inizio, con l'insediamento del nuovo governo la famiglia non si allarmò: si consideravano parte integrante della comunità, borghesi jugoslavi prima che ebrei. Carlo era un uomo importante, un dirigente d'azienda. Nemmeno nei giorni in cui l'orrore stava iniziando a prendere piede Carlo e Medea decisero di scappare.

È uno degli aspetti che più mi colpisce e angoscia del racconto del nonno. La velocità con cui una famiglia fortunata arrivò negli inferi, quasi senza avere il tempo di spaventarsi. Perfetta rappresentazione della banalità dell'orrore è il modo in cui si trovarono arrestati. Un giorno arrivarono degli ufficiali a casa. Medea aveva dei «problemi da donna», come li definisce il nonno, e gli Ustascia dissero che sarebbero tornati il giorno successivo. Mentre alcuni cittadini di Zagabria, tra cui loro parenti, spaventati, cominciavano a scappare, Carlo e Medea rimasero a casa ad attendere il ritorno degli ufficiali. E quelli li arrestarono.

«Pensi che abbiano avuto la sensazione che qualcosa di brutto potesse accadere?» chiedo al nonno.

«Ma quale sensazione vuoi che avessero? Non se lo aspettavano mai. È lo spirito dell'ingenuo, del coglione» mi risponde con uno sguardo che, per la prima volta da quando abbiamo cominciato questa conversazione, tradisce rammarico e tristezza.

Il diario
Parte I

I delegati jugoslavi aderiscono al patto a tre a Vienna e firmano una specie di trattato a me ignoto. Si trattava facilmente di passaggio di truppe e trasporto di materiale bellico per i combattenti. Questo patto fu accolto dai Croati con una certa titubanza. Essi non sapevano se rallegrarsene o meno. Ad ogni modo si sperava di avere, per il momento, evitata la guerra.

In Serbia però la notizia fu accolta in modo ben diverso. L'unanimità di sentimenti contrari all'Asse portò al famoso «Putsch». Il principe Paolo e gli altri due Reggenti dovettero scappare.

Re Pietro, dichiarato maggiorenne prima del tempo, fu messo a capo del Governo e, al suo fianco, fu posto il ministro della guerra, Nedić.

Il popolo serbo si abbandonò notte e giorno ad entusiastiche dimostrazioni. Vari ritratti di Mussolini e Hitler furono dati in pasto alle fiamme. Questo stato di cose ebbe inizio la notte dal giovedì al venerdì e precisamente dal 27 al 28 marzo 1941, e si protrasse per qualche giorno.

A Zagabria il ministro Maček, capo del partito Macekiano, tentava con tutti i mezzi possibili di mantenere l'unione dello Stato e di calmare gli animi. Ci riuscì soltanto in parte, perché l'agitazione si era impadronita di tutto il popolo, e soprattutto degli ebrei. Ognuno comprendeva che la guerra era imminente e che la piccola Serbia non avrebbe certo resistito a lungo alle potenti masse germaniche.

In ogni casa si preparavano valigie e si facevano progetti. Mia sorella partì il martedì 2 aprile col suo bimbo. Suo marito, che mezz'ora prima aveva ricevuto il richiamo militare, dovette restare a Zagabria, al Comando della stazione Sava.

Io accompagnai mia sorella alla stazione. Il treno, affollato di donne e bimbi, andava a Spalato. Le grida e i pianti affannosi di questi poveretti si univano alle lacrime di quelli che li avevano accompagnati. Essi non immaginavano certo come e quando si sarebbero ritrovati e quanti di loro e dei loro cari sarebbero spariti per sempre.

Anche il popolo era preso dal panico. La mia cuoca, che stava con me da ben 17 anni ed aveva visto nascere i miei bimbi, si decise a raggiungere le sue figlie a Belgrado per paura di rimanerne divisa.

Domenica 6 aprile (domenica delle Palme), la Radio alle 7 del mattino emetteva un sibilo prolungato al quale fecero seguito le parole: «Siamo in allarme, non sono prove queste, siamo in allarme!». Verso le 8 poi si trasmetteva il comunicato che, senza dichiarazione di guerra, già alle 4 del mattino, aeroplani tedeschi avevano sorvolato Belgrado, bombardato la città e mitragliato gli abitanti. Era questa la rappresaglia di Hitler al primo popolo di Europa che aveva osato ribellarsi a lui.

Quel giorno Belgrado subì vari attacchi, i quali si ripeterono nelle giornate di lunedì e martedì.

Nel frattempo avevano avuto inizio le ostilità sui vari fronti. Da ogni parte giungevano notizie varie, ma l'avanzata dei tedeschi, in ogni caso, era un fatto concreto. Zagabria fu risparmiata dalle bombe e ciò in merito al patto speciale esistente con l'Italia. Il Console italiano rimase a Zagabria, ma finse di abbandonare la città.

Giovedì 10 aprile, tra le 14 e le 15, le prime autoblindate provenienti da Črnomerec entravano a Zagabria e, attraversando la Ilica (Corso), raggiungevano la piazza Jelačić. Dalle finestre le donne gettavano fiori a piene mani ed acclamavano agli invasori.

Mio cognato e vari altri cittadini presero il largo verso il confine serbo. Egli si affrettò ad avvertire i suoi compagni d'arme del pericolo che sovrastava e dell'occupazione di Zagabria. Ma non fu creduto. Dovette anzi passare qualche ora in prigione, incolpato di «aver sparso notizie allarmanti». Questo contrattempo fece sì che poté raggiungere la moglie e il bimbo a Ragusa (Dubrovnik) appena alcune settimane più tardi, cioè dopo aver assistito al bombardamento di Sarajevo ed esser stato, a sua volta, ferito.

A Zagabria intanto tutte le caserme furono in poche ore occupate dai militari tedeschi, i quali erano organizzati alla perfezione e non avevano quindi bisogno di chieder nulla ai cittadini. Furono in un batter d'occhio padroni del campo. Conoscevano perfettamente la topografia della città e molti, tra loro, parlavano anche il croato. La quinta colonna aveva lavorato benissimo!

Nelle prime ore del pomeriggio si sparse la notizia che i tedeschi avevano avuto facile gioco per merito del tradimento dei croati e che gli inglesi non avrebbero tardato a vendicarsi. Si attendeva però, nel corso di quella notte, un bombardamento inglese su Zagabria, simile a quello effettuato dai tedeschi su Belgrado.

Noi si abitava proprio di faccia alla caserma. Mia suocera, impressionata di tale vicinanza, ci volle tutti a casa sua e offrì cena ed alloggio. Comprendevo benissimo che questa soluzione non potesse risparmiarci l'inevitabile, ma volli accontentarla, tanto più che mi sentivo sfinita. La mia giornata di faticoso lavoro l'avevo iniziata alle 4 del mattino. Senza parlare poi delle tante emozioni provate!

Mio marito, i miei figli, il nostro cane, mia cognata (la quale da mesi non abbandonava il letto causa una cattiva gravidanza), sua madre e il suo cagnolino, tutti insomma eravamo pronti per recarci da mia suocera. Prudentemente, avevamo preso con noi varie coperte, del denaro liquido e gioielli.

Rinunciai alla cena e mi misi subito a letto. Il mio bimbo, allora decenne, dormì con me. Ancor oggi rammento esattamente ogni lieve rumore di quella notte, specialmente lo squillo del telefono.

Ci si avvertiva telefonicamente di non bere l'acqua, essendo stata avvelenata. Una delle mie cognate, che ne aveva presa proprio in quell'istante, si sentì subito male. Mia figlia, allora sedicenne, di temperamento molto nervoso, ne riportò tale impressione, da accusare anch'essa un malore. Suo padre si affrettò a calmarla, dicendole che il cagnolino, ad onta dell'acqua bevuta, stava benissimo e che lei non doveva suggestionarsi.

L'indomani mattina eravamo tutti in piedi per tempo.

La Radio comunicò subito che l'avvelenamento dell'acqua era stato inventato di sana pianta per terrorizzare il popolo. In quella stessa giornata gli ufficiali e sottufficiali tedeschi occuparono tutte le abitazioni rimaste libere. Tra loro ricordo anche persone per bene: in casa di mia sorella, due sottufficiali tedeschi, pur sapendo di trovarsi nell'appartamento di un ebreo, non toccarono nulla senza chiedere a me il permesso, anzi mi mandarono del burro appena seppero che avevo dei bambini e non potevo trovarne.

Gli stessi sottufficiali però volevano persuadere la domestica di mia sorella a non servire più da ebrei.

In questo periodo cominciarono ad affluire dall'Italia militari italiani, nonché quelli fuoriusciti seguaci di Pavelić che, dopo aver preso parte in modo attivo e passivo all'uccisione di Re Alessandro a Marsiglia, avevano trovato rifugio in Italia. Questi rimpatriati costrinsero le famiglie ebraiche ad abbandonare le proprie dimore, per impossessarsene. In certi casi davano agli ebrei un giorno di tempo per lo sloggio, in altri questo doveva seguire immediatamente all'intimazione. I più umani concedevano agli sloggiati di portare con sé sacchi, valigie o bauli, gli altri il puro necessario soltanto.

Tra i primi che dovettero abbandonare la loro casa vi fu una mia cara amica, medichessa, vedova da pochi mesi, con due bimbe rispettivamente di 7 e 4 anni. E fu messa a dura prova. Non poté salvare nulla e si ridusse per il momento a vivere in una stanza ammobiliata. Nella sua villetta, frutto di onesto lavoro, arredata con tanta fatica e cura, una famiglia di fuoriusciti si abbandonò ad atti di vero vandalismo.

Il signor Ante Pavelić fece ritorno a Zagabria il 14 aprile di nottetempo. Subito dopo la sua ricomparsa ebbero inizio le varie misure antisemite, prima fra tutte, il sequestro degli apparecchi Radio appartenenti agli ebrei.

Non fu più concesso agli ebrei di frequentare pubblici locali, di attraversare certe piazze, vie principali, giardini. La parte alta della città, compresa la parte destra della Ilica, dovette esser sgomberata da loro. Fu proibito di tener servitù ariana; quella ancora in attività di servizio dovette venire liquidata nel termine di tre mesi, con una indennità di servizio pari a 100 dinari per ogni anno di attività.

Al mercato gli ebrei potevano farsi vedere soltanto dopo le 10 del mattino. Perché ognuno potesse facilmente riconoscerli, dovevano portare il famoso «segno giallo».

Questo segno era, da principio, formato da due rettangoli di stoffa giallo-arancio con una Z (Zidov significa ebreo in croato) nel mezzo, molto visibile, stampata in color nero. Un rettangolo lo si portava alla parte sinistra del petto, l'altro sulla schiena.

Ognuno di questi segni gialli costava 100 dinari.

Tutti gli ebrei, indistintamente, dovevano portarlo, anche i bimbi nelle carrozzelle. In chiesa perfino si videro per poco tempo ecclesiastici di razza ebraica col segno giallo.

A certe signore israelite venne l'idea di rendere più elegante il segno giallo e ciò forse perché abituate a dettar legge in fatto di moda. Si vedevano così vestiti intonati a quella tinta e i rettangoletti gialli rivestiti di carta celofan, orlati in pelle chiara e uniti da una piccola striscia di pelle, che oltrepassava la spalla.

In contrasto a tale disinvoltura, certi ebrei non volevano farsi vedere col segno giallo. Preferivano starsene tappati a casa il più possibile. Fra questi mio marito (Carlo), il quale era stato fotografato col segno giallo subito dopo la consegna dello stesso. La fotografia comparve su di un giornale quotidiano.

Ma tale misura non raggiunse l'effetto desiderato. In luogo di suscitare le beffe degli ariani, stimolò i medesimi ad attestare in ogni modo la loro simpatia agli ebrei. Le rivendugliole riservavano loro la merce migliore, sui tram indistintamente uomini e donne facevano a gara per cedere il posto agli ebrei, in strada si udivano di continuo apprezzamenti a loro favorevoli. Persino ufficiali dell'esercito germanico erano contrari al «segno giallo», specialmente riguardo i bimbi.

Vi furono dei casi tipici: ad esempio, quello di un ufficiale tedesco, il quale strappò da una carrozzella il «segno giallo» e porse alla signora che lo conduceva il suo biglietto da visita, dicendo che, nel caso le venisse fatta rimostranza al riguardo, indirizzasse a lui chi protestava. In poco tempo i due pezzi di stoffa gialli furono sostituiti da una piccola placca di zinco giallo con la Z nera nel centro, che si portava a mo' di spilla, però i bimbi fino ai 10 anni erano esonerati da tale obbligo.

La soldataglia tedesca si abbandonò, di propria iniziativa, ad atti malvagi contro gli ebrei, non risparmiando nemmeno i ragazzi.

Il 1 giugno 1941 i giovani ebrei dai 18 ai 20 anni dovettero presentarsi al Comando degli Ustascia (Comando dei soldati della Nuova Croazia) e partire immediatamente per una località non lontana da Zagabria, ove, da principio, furono adibiti a vari lavori ed in seguito trasportati sul Velebit (catena montuosa della Dalmazia).

Furono fatte molte ricerche dai vari Comitati Ebraici e dalla Croce Rossa, ma nulla si seppe sul loro conto. I miseri sparirono per sempre. Erano in duecento circa.

Vari avvocati ed industriali ebrei furono imprigionati e lasciati liberi dopo una decina di giorni verso formale promessa di raccogliere in breve tempo oro, gioielli e denaro liquido.

Si formò infatti un comitato di ebrei, che consegnò tali valori all'Autorità richiedente. Ma gli ebrei non godettero a lungo di tale libertà, perché già a metà giugno un gruppo di loro fu fatto partire per ignota destinazione.

Questo primo scaglione era composto da uomini. Le loro mogli avevano facoltà di accompagnarli, mentre i battezzati furono rimandati.

Gli avvocati, da poco a piede libero, furono nuovamente arrestati e mandati a Kerestinec, località situata nei pressi di Zagabria. Qui fu eseguita la prima fucilazione.

La vittima era un noto, giovane avvocato, certo Kuhn, incolpato di bolscevismo. L'esecuzione fu resa nota alla popolazione a mezzo di manifesti affissi sui muri.

A casa nostra, durante questo periodo, si stava relativamente tranquilli, poi ci portarono via la radio e, un bel giorno, i tedeschi pretesero pure la consegna di speciali apparecchi fotografici, acquistati tempo prima da mio marito in differenti negozi, dato che lui pensava di dedicarsi all'arte fotografica in caso fosse stato in grado di abbandonare il Paese. Caso strano: ai tedeschi era noto il numero di questi apparecchi, la loro marca e i vari tipi.

In quel periodo di tempo, gli ebrei procuravano in tutti i modi di essere considerati ariani. Si presumeva che ciò fosse facile ai buoni patrioti croati ed essi avevano dimostrato di esserlo. Tale concessione si fece attendere molto. Parecchi erano gli ostacoli da superare e i richiedenti venivano rimandati per vari motivi.

La Ditta di mio marito, che aveva la sede centrale a Lubiana, era considerata Ditta estera. Per conseguenza, il controllo della stessa era affidato ad un apposito commissario, certo Horvat, nel quale avevamo una certa fiducia, essendosi egli dimostrato sempre corretto.

Nel mese di giugno il direttore della centrale ci fece visita. Mio marito, approfittando dell'occasione, chiese di essere trasferito in una filiale della Dalmazia e in altra sede in una località occupata da italiani. Gli fu risposto che la cosa era prematura e che lui, più che mai, quale persona di fiducia, era necessario a Zagabria perché, causa la guerra, questa filiale era rimasta staccata dalle altre sue sedi. Aggiunse di conoscere mio marito da oltre 20 anni e di nutrire in lui la massima fiducia...

Venerdì 27 giugno, il secondo gruppo di ebrei veniva adunato nello Zbor (recinto della Fiera Campionaria) per poi essere mandato a destinazione ignota. Si vociferava che il primo gruppo fosse accampato all'isola di Pago e sulla catena del Velebit. Effettivamente erano sparsi qua e là.

A questo secondo gruppo di ebrei appartenevano tutti i Bené (ovvero i Berid, di cui la traduzione letterale è «figli del patto») verso i quali si era particolarmente feroci. Tra loro si trovavano vari miei parenti e molte volte portai loro il pranzo.

All'ingresso dello Zbor, gli Ustascia controllavano i recipienti che contenevano il cibo. Se vi trovavano pezzi di pollo, del pane un po' più bianco dell'usuale e un pezzetto di dolce, avvertivano subito un compagno (controllore), il quale dopo aver preso nota di un tanto, faceva pagar caro al destinatario tale infrazione.

Mio marito si adoperò in ogni modo per liberare un nostro zio, industriale molto noto a Zagabria. Purtroppo inutilmente. Anche il marito di una mia cugina fu tratto in arresto. Accompagnai la moglie in vari uffici, tra i quali l'ambasciata italiana, e si tentò in ogni modo di ottenere la liberazione dell'infelice. Tutto invano. Per un malore subentrato all'improvviso a mia cugina fu risparmiato di seguire le sorti del marito. L'agente, che doveva scortare lei e la figlia quindicenne, si mostrò umano e, in cambio di un compenso in denaro, le lasciò in pace.

Per tre giorni consecutivi portai il pranzo a dei parenti radunati nello Zbor, poi ci fu detto che erano partiti tutti. Questa sorte fu riservata anche a noi dopo altri 10 giorni.

E qui voglio accennare a un fatto di speciale rilievo. Una mia buona amica mi aveva consigliato, qualche settimana prima, di far «sparire» mia figlia non ancora diciassettenne perché nella Stiria i tedeschi avevano catturato ragazze di ottime famiglie quali «Soldatenmädel» (ragazze destinate ai soldati). Non mi fu possibile seguire il suo consiglio.

Il 9 luglio 1941 fu l'ultimo giorno che trascorsi a casa mia. Gli agenti, venuti a prenderci alle 13, ci diedero tempo di prepararci fino alle prime ore del mattino seguente e ciò per l'intervento del commissario

Horvat da noi, ingenuamente, ritenuto meno traditore. Difatti fu per merito suo che ci tolsero la libertà! Allora non vedevamo in lui un nemico, si sperava, al contrario, che egli sarebbe riuscito a salvarci. Ma lui era ben lontano da questo pensiero ed ostacolava invece qualsiasi intervento in nostro favore. Gli fu affidato il nostro appartamento, ad eccezione della stanza da letto, alla quale gli agenti avevano apposto il sigillo. Ma dopo qualche settimana, pensarono loro stessi a vuotarla.

Io, mio marito, mio cognato e i miei due bimbi, ognuno col proprio sacco e una coperta, ci avviammo allo Zbor accompagnati da due agenti. Avevo però la speranza di ritornare a casa quanto prima, dato che tutti i neobattezzati del 1° gruppo erano stati rinviati alle loro dimore. Invece quelli del nostro gruppo non ebbero uguale trattamento e anche i battezzati dalla nascita seguirono la nostra sorte.

All'ingresso dello Zbor due altri agenti prendevano nota di chi entrava, intimando a tutti di consegnare, pena fucilazione, ogni oggetto a taglio o a punta in loro possesso, come coltelli, temperini, forbici, ecc... Poi ci fecero entrare in uno dei più vasti padiglioni dello Zbor, già affollato di ebrei giunti giorni prima. Ne riportai un'impressione spaventevole. Da notarsi che stavo male, avevo una forte emorragia. Appena entrata, scorsi subito una bimba di neanche un anno nella sua carrozzella. Vicino a lei stavano la mamma e la nonna. Era la figlia di un noto avvocato, imprigionato a Kerestinec, certo Buechler. E lì presso tante donne, uomini, bimbi di tutte le età, di tutte le condizioni, tra loro anche ammalati, accovacciati sul terreno cementato. Tutte persone note, stimate ed amate per la loro bontà di cuore, per la larghezza delle loro vedute che, a furia di fatiche e di onesto lavoro, erano arrivati a procurarsi una vita tranquilla.

Provai un tale stringimento di cuore pensando a tanta crudeltà e ingiustizia, da sentirmi mancare. Dovetti fare uno sforzo per non cadere a terra e ci accovacciammo noi pure in un angolino. Vicino a noi ricordo un grande mutilato di guerra, decorato più volte, che, per quanto in possesso di tutti i suoi documenti ed attestati medici, dovette subire la sorte comune. Seppi più tardi che il poveretto, assieme ai figli di 17 e 19 anni, veniva soppresso nell'ottobre 1941. La stessa sorte toccò a 77 suoi compagni.

A turni ci adibirono a vari lavori. Le donne dovevano sbucciar patate, lavare le gamelle dei soldati con l'acqua fredda, ecc... Gli uomini mettevano ordine nei magazzini.

Passammo lì tre giorni. Il pranzo e la cena ci venivano portati da casa nostra. Si dormiva in qualsiasi angolo, completamente vestiti. Ogni sera, verso le 19, compariva il capo di questo movimento razziale, certo Baracovic, che faceva l'appello e liberava i fortunati per i quali c'era stato un intervento speciale. Si attendeva quell'ora con trepidazione: la speranza non ci abbandonava di certo. Mio cognato poi, che poteva esibire vari certificati medici del comune, perché affetto da tubercolosi, era certo di esser posto in libertà.

Nel recinto dello Zbor mancava l'indispensabile. I gabinetti esistenti non erano più adoperabili e bisognava dunque soddisfare i bisogni più necessari su di un tratto di binario morto. Ci si recava colà a gruppi di 10, accompagnati da due Ustascia con baionetta innestata. Per la pulizia personale, ed eravamo in luglio, c'era la fontana del cortile. Anche colà si andava in gruppi di dieci.

La notte dal venerdì al sabato, quella tra l'11 e il 12 luglio, ci svegliarono all'improvviso. Dopo esser rimasti tutti in piedi per un'ora coi sacchi sulle spalle, ci intimarono di ricoricarci e di star tranquilli. Era questa una prova per la partenza che doveva avvenire la notte seguente. Ma i piccini, svegliati in modo così brusco, piangevano e strillavano disperatamente. Inutilmente gli Ustascia imponevano il silenzio, non si poteva calmarli subito quei poveri bimbi. Una scena davvero desolante che si ripeté al momento della partenza, avvenuta alle 4 del mattino di domenica 13 luglio.

Gli ebrei radunati nello Zbor ammontavano a seicento. Molti erano stati liberati nel frattempo.

Ci fecero salire sui vagoni bestiame, 34 per vagone; non eravamo pigiati, ognuno sedeva sul proprio sacco. Nel vagone, ermeticamente chiuso, ognuno tentava di decifrare, spiando da una specie di finestrella, che dava luce alla vettura, il nome delle stazioni che si oltrepassava.

Si arrivò a Gospić verso il mezzogiorno, con un caldo soffocante, e ci si radunò in un prato presso la stazione. Si disponeva soltanto di quel po' di cibo che si aveva nel sacco e certuni ne erano sprovvisti.

Molti si affrettarono a scrivere delle cartoline per i propri cari, ma queste non giunsero a destinazione. Furono infatti distrutte. Si vociferava che bisognasse attraversare il Velebit per scendere poi a Carlopago. Quelli tra noi che erano in migliori condizioni di salute avrebbero fatto questo lungo percorso a piedi.

Al capo Ustascia (titolo equivalente a federale) di Gospić venne la buona idea di tenere agli infelici un discorso, che cominciava così: «Voi conoscete me come io conosco voi» qui mi sfugge qualcosa, ma ciò che ci fece maggior impressione furono le seguenti parole: «Guai a chi di voi tenta la fuga: per uno che sparisce, dieci verranno fucilati».

Primi fra tutti partirono i bimbi su appositi autocarri, tra questi c'era mio figlio Bruno, disperato di staccarsi da noi. Ci furono tolti i sacchi per facilitarci la marcia. Intanto, tra un'ansia e l'altra, le ore passavano, il sole tramontava, la tristezza ci opprimeva. Si sparse la notizia che avremmo tutti usufruito degli autocarri. Così fu infatti e via nuovamente col nostro dolore, verso ignota destinazione. Il viaggio durò circa un'ora e mezzo tra spaventevoli balzi e sobbalzi. Raggiunta la vetta del Velebit, uno spettacolo indimenticabile, di suggestiva bellezza, si presentò ai nostri occhi. Si scorgeva l'ampia distesa del mare nel quale scendeva il disco rosso del sole, si distinguevano benissimo le varie isole dalmate disseminate all'intorno fra le quali l'isola di Pago. Fra tanto dolore, uno spettacolo indimenticabile! Divina bellezza della natura in contrasto con l'umana nequizia.

A notte si raggiunse il molo di Carlopago. Per fortuna c'erano là dei venditori di fichi che, dopo tante ore di viaggio, eravamo tutti affamati e assetati. Nessuna meraviglia quindi se molti tra noi si precipitarono ad acquistarne, mio marito compreso. E questo fu il momento in cui fummo divisi.

A destra del molo venivano sospinte le donne in una specie di barcaccia (vaporino), a sinistra gli uomini, in altra imbarcazione, che prese largo per prima. La nostra sostò ancora qualche ora al molo; al momento della partenza la luna piena splendeva sul firmamento. Mia figlia e molte delle mie compagne piangevano per il triste distacco. Io non trovavo lacrime, pensavo al mio bimbo e mi facevo amari rimproveri per essermi lasciata dividere da lui.

Non ricordo esattamente l'ora del nostro arrivo. Io assieme a mia figlia e a una signora fummo trasportate sopra una terrazza in riva al mare. Faceva molto freddo quella notte e noi eravamo sprovviste di tutto. Le coperte ci erano state tolte, soltanto la nostra compagna aveva potuto tenere con sé la propria valigia, dalla quale si affrettò a togliere vari indumenti estivi per ripararci alla meglio. E così, strette l'una all'altra sulla terrazza di pietra, si tentò di riposare un pochino. Finalmente spuntò l'alba ed allora si poté individuare il sito. Ci trovavamo sulla terrazza di una piccola casa requisita dagli Ustascia e appartenente a una famiglia serba.

Un'altra se ne scorgeva di eguali dimensioni a una cinquantina di passi circa. Le misere casupole di Metaina, povero villaggio di pescatori, si ergevano su di una breve stradicciuola in salita. Ebbi la gioia grande di ritrovare colà il mio Bruno ed altri conoscenti, partiti prima di noi. Una signora, ex maestra in una scuola ebraica di Zagabria, fungeva da direttrice e, per qualsiasi occorrenza, bisognava rivolgersi a lei. Mi narrò che, prima del nostro arrivo, gli internati ammontavano a una cinquantina; con noi, il numero saliva a 150. Seppi inoltre che le 37 persone del gruppo Bené (Berid), tutte donne e bimbi, erano state trasportate su di un battello, verso ignota destinazione, qualche giorno prima. Di questi infelici nulla più si seppe.

Eravamo affamati. Mi informai quindi subito riguardo il nostro vitto e seppi che fino allora i prigionieri ricevevano il rancio dei soldati. Essendo noi in numero maggiore, si avrebbe dovuto cucinare da sole. Per Bruno, non ancora undicenne, potevo ottenere un po' di latte, cioè un bicchierino, per 2 dinari.

Il primo giorno fu davvero disastroso. Le cinquanta persone menzionate ebbero il solito rancio, ma per ordine della direttrice, dovettero dividerlo coi vecchi e coi bimbi sopraggiunti. Io e le mie compagne restammo a bocca asciutta. L'organizzazione si fece attendere tre giorni. Il martedì ognuna provvide alla propria cucina, ma... ben poco c'era da buttar giù! Molte non ebbero nulla. Diedi ai miei figli quanto mi fu possibile, io digiunai fino al giorno seguente.

Nella casetta si stava pigiati pigiati, perciò preferii dormire coi miei bimbi sotto una tenda militare aperta da un lato. C'erano con noi altre quattro persone, quindi eravamo in sette, stretti l'uno all'altro.

Cucinavamo all'aperto il consueto minestrone entro un'ampia caldaia, a turno. A turno ci recavamo al villaggio ad attingere acqua, a turno si sbucciavano le patate, a turno si lavavano in mare gli oggetti adoperati. Gli Ustascia ci fornivano il cibo. Di mattina, alle 7 c'era l'appello e al pomeriggio, dalle 16 alle 18, ci permettevano di fare il bagno.

A Metaina si aveva il vantaggio di poter far qualche acquisto: un misurino di miele costava 5 dinari;

c'era la possibilità di comperare formaggio pecorino, un po' di frutta, degli erbaggi, qualche uovo e un po' di zucchero. Ogni secondo giorno arrivava da Carlopago il «cicio», cioè un vecchio merciaio ambulante. Potei innanzitutto comperare da lui un catino. Il pover'uomo fu per tutte noi una vera e propria risorsa.

I pasti a Metaina non erano né scarsi né abbondanti. Ci davano due volte al giorno un cucchiaione ricolmo di minestra, per lo più pasta e fagioli, con l'andar del tempo pasta e cappucci. Alla mattina preparavamo il tè. Per i bimbi si poteva avere un po' di latte. Per chi disponeva di denaro c'era la possibilità di comperare qualche cosa.

I bimbi giocavano indisturbati in riva al mare. Le ragazze più giovani e volenterose si prestavano a fare il bucato e a cucire gli indumenti degli Ustascia, perciò il loro rancio era un po' migliore del nostro. Il pane ci veniva consegnato dagli Ustascia. Una pagnotta di poco più di un chilogrammo veniva divisa in 10 parti. Al villaggio si poteva soltanto attingere il quantitativo di acqua necessario alla cucina. Per lavare le stoviglie e la biancheria doveva venir usata solo acqua di mare.

Ad un centinaio di passi dal nostro accampamento, tra i sassi in riva al mare, zampillava un filo d'acqua, che serviva alle nostre abluzioni giornaliere. Per sfortuna non esistevano gabinetti. Eravamo costretti a soddisfare i bisogni più necessari in riva al mare e a provvedere da noi all'allontanamento dei rifiuti. Una delle nostre compagne, ingegnere, aiutata da alcune volenterose, improvvisò un gabinetto.

A Metaina faceva un gran caldo; l'unico posticino possibile era all'ombra della casa. Colà accovacciate si consumava il pasto frugale. Durante le tre settimane del nostro soggiorno a Metaina il tempo, per fortuna, ci fu favorevole. Si ebbero soltanto due temporali, sempre di notte e di grande violenza, durante i quali rimasi all'aperto coi bimbi. Le mie compagne invece si rifugiarono nella casetta dove, causa lo spazio minimo, furono costrette a passare la notte in piedi. Rammenterò sempre la terrificante bellezza di quelle due notti, nelle quali i fulmini succedevano ai fulmini accompagnati da potenti boati, violenti scrosci di pioggia e forte vento. Mai vidi un mare tanto agitato.

Al crepuscolo ci stendevamo su di un prato. Lì il nostro sguardo era attratto da un lumicino che appariva e scompariva in lontananza, tra gli alberi. Si trattava dei fanali di un autocarro. In noi c'era una nostalgia sconfinata. Si pensava sempre ai nostri cari, si attendeva sempre loro notizie con ansia ben comprensibile. E queste ci giunsero alla fine, ma in forma di brevi messaggi. Qualche volta ci venivano detti soltanto i nomi di chi scriveva e ciò bastava per farci sapere che i nostri esistevano ancora.

Agli uomini non era possibile fare acquisti. Procuravamo di far giungere loro qualche cosa. Ciò riuscì una sola volta col mezzo di un comandante. Del resto, gli Ustascia stessi ci incitavano a fare degli invii allo scopo di rubare poi per proprio conto. Ne avemmo una prova quando ci restituirono, mutilati, i nostri sacchi.

Un pomeriggio, mentre si prendeva il bagno e, al solito, si pensava alla durata del nostro esilio, un battello accostò al molo. A bordo dello stesso, c'erano, quasi esclusivamente, delle signore anziane di Varasdin, tra le quali una cieca e una pazza. Le signore furono alloggiate in una casa diroccata del villaggio e noi dovevamo provvedere al loro vitto.

Dopo tre settimane di soggiorno a Metaina noi si abbandonò questa località, ma le poverette vi rimasero e con loro alcune distinte signore serbe giunte a Metaina prima di noi. Ignoro quale sia stato il loro destino.

Una delle ultime sere passate a Metaina, ragazze e signore giovani furono costrette a vuotar l'acqua del battello. Tra le signore c'era una che stava allattando e addormentando il suo bimbo. Pregò gli Ustascia di pazientare un momento, ma quelli, inferociti, dissero: «Se non vieni subito, finisci in mare assieme a tuo figlio!».

Sabato 2 agosto si abbandonò Metaina. Speravamo, come ce lo avevano detto, di far ritorno a Zagabria. Fosse stato vero! Si finì invece a Slano, pure sull'isola di Pago e precisamente nell'accampamento occupato fino a quel giorno dai nostri uomini, i quali furono spostati di pochi metri soltanto. Vicini a noi, ma a noi invisibili.

Per raggiungere il nostro accampamento bisognava, dalla riva del mare, salire per un breve tratto. Si arrivava al reticolato che circondava il campo e, dopo alcuni metri di discesa, si raggiungeva uno spiazzo esteso, formato solamente di sassi di ogni dimensione. Fin dove l'occhio spaziava, non si scorgeva altro! C'erano mosche soltanto, in quantità enorme. Ne ebbi un'impressione angosciosa. Lì si trovava una sola baracca in legno, insufficiente ad ospitarci. Dopo due giorni appena ne costruirono una seconda.

Per il momento si dormì all'aperto su dei tavolacci, evidentemente residui di qualche vecchia baracca. Ne avemmo la certezza poi. In uno scritto trovato in quei paraggi, si accennava alla morte di qualcuno, avvenuta colà.

Slano era il peggior campo di concentramento. Se il cibo di Metaina non era ben condito, quello che ci davano a Slano era del tutto privo di grassi. Un po' di farina che si faceva rosolare, per renderla migliore, formava tutto il condimento. Ci nutrivamo esclusivamente di patate, rape e cappucci. L'acqua bisognava attingerla alla riva del mare, aveva un gusto salso ed era malsana.

L'ultima razione di pane l'avevamo avuta a Metaina, giovedì 31 luglio.

A Slano, i bimbi fino ai 10 anni ricevevano un pezzo di pane al giorno. Se ne avanzava un po' ce lo gettavano a distanza, come si getta un boccone alle bestie feroci. Le donne, affamate, si azzuffavano per poterne avere un pezzetto.

Non più latte ai bimbi, nessuna possibilità di fare acquisti, invece mosche soltanto, mosche dappertutto! Dovevamo fare attenzione che non ci venissero in bocca. Anche qui mancavano i gabinetti. Era necessario arrampicarsi per un buon tratto, fino a una serpentina, che conduceva a un tronco d'albero. Dietro a questa c'era la fossa per i rifiuti.

Causa l'acqua inquinata e le mosche subentrò a tutte un'infezione intestinale con febbre fino a 40° e non c'erano né medici né medicine. Indescrivibili le nostre sofferenze e le nostre privazioni. Un giorno comparve all'accampamento un Ustascia con un giovane, che si spacciava per medico. In realtà era soltanto uno studente di medicina, il quale nulla fece per noi. Si limitò a sequestrare i termometri in nostre mani, osservando che si trattava di una suggestione collettiva e fece qualche annotazione su un libretto.

In quel periodo molti bimbi ebbero l'otite. Il mio Bruno soffrì di forte male ai denti con febbre a 40° e ghiandole enfiate. Ci sarebbe stato bisogno di cure dentistiche ed io sapevo che nell'accampamento degli uomini, presso di noi, c'era un famoso pediatra. Pregai e ripregai il Comandante di poter consultarlo, ma tutto fu inutile.

Fra le tante calamità di Slano ricordo due famose burrasche. La prima: una tempesta con grandinata dai chicchi della grossezza di un uovo di colombo. La seconda: pioggia torrenziale accompagnata da fortissima bora. Il caldo era soffocante in quel mese di agosto, ma quella notte, eccezionalmente, era molto fredda e non si poté chiudere occhio. Si aveva proprio paura di essere sollevati in uno alla baracca. Pezzi di travi volteggiavano nell'aria e gli Ustascia tentavano in ogni modo di assicurare le assi traballanti.

La vicinanza dei nostri uomini era per noi, mogli e madri, un vero tormento! Essi occupavano una conca simile alla nostra, vicinissima a noi. Ne uscivano per vari lavori.

Avevano iniziato la costruzione di una casa, secondo me solo allo scopo di farli lavorare e i poverini dovevano trascinare massi pesanti di pietra da un posto all'altro. Se non ci riuscivano venivano anche picchiati.

Ai quattro punti cardinali del nostro accampamento si ergeva una specie di montagnuola (vedetta) di circa 100-150 metri, in cima alla quale c'era una sentinella. Nelle ore più calde della giornata uno dei nostri uomini doveva portare acqua al soldato di guardia. Anche noi si veniva talvolta provviste d'acqua da loro. Allora deponevano il fabbisogno all'ingresso del nostro campo e quello era l'istante in cui ognuna desiderava rivedere i suoi cari, cosa rigorosamente vietata. Al giungere dei portatori d'acqua dovevamo voltarci dalla parte opposta. Un Ustascia si avvide un giorno che una giovane donna faceva un piccolo cenno al marito. Non voglio né posso ricordare la scena disgustosa che ne seguì. Del resto scenate si succedevano di continuo, d'ogni specie e senza un giusto motivo.

La dissenteria infieriva nel nostro campo e il Comandante ci portò dei limoni, poca cosa per il nostro bisogno. Ce li gettò come si getta l'osso al cane e di conseguenza vi fu un gran parapiglia.

Al bagno si andava ogni due giorni e questo era per noi l'unico momento radioso della giornata. La conca ove ci tuffavamo era orridamente bella e l'acqua fresca ci dava vigore.

A quell'epoca si ebbe sentore del cambio dei dinari in Kune. La maggior parte degli internati era quindi in grande orgasmo. Le donne in possesso di qualche migliaio di dinari erano incerte sul da farsi. Dovevano comunicare un tanto? E, non facendolo, potevano correre il rischio di perdere tutto! Trascorsero così varie notti insonni.

Il caldo era opprimente e da nessuna parte c'era un po' di ombra. Le notti erano turbate dal continuo movimento di pattuglie e da detonazioni più o meno vicine che ci mettevano in grande agitazione, conoscendone la provenienza e lo scopo. Facevamo varie supposizioni. Consce di trovarci in un'isola deserta, si ammetteva la possibilità di venir abbandonate lassù dagli Ustascia, senza cibo e senza alcun mezzo di trasporto. Questo stato di cose durò 17 giorni.

Martedì 19 agosto alle 7 del mattino il Comandante ci disse: «Io abbandono l'isola e voi con me. In 10 minuti dovete essere pronte». Così dalla conca ove si prendeva il bagno, a mezzo di un piccolo battello, si raggiunse Carlopago.

A quell'epoca gli italiani prendevano possesso delle isole dalmate e questo era facilmente il motivo che spingeva gli Ustascia a trascinarci con loro.

Al molo di Carlopago scorsi subito una piccola torpediniera italiana. Gli ufficiali a bordo della stessa si interessarono ai casi nostri, ma gli Ustascia non permettevano alcun contatto con noi. Si doveva parlare soltanto il croato. Io, ostentatamente, dissi qualcosa ai miei bimbi in italiano e un ufficiale italiano, che passeggiava lungo il molo coi compagni mi rivolse subito la parola: «Signora,» disse «continui a passeggiare coi suoi figli e risponda alle mie domande».

«Da dove venite? In quanti siete? Avete fame? Avete avuto dei morti? Dove sono i vostri uomini?» Poi offrirono a me e a tutti i bimbi minestra di riso, pagnotte e pane dolce.

Gli Ustascia non poterono impedire di andare al vicino mercato per far delle compere, così dopo varie settimane ci fu possibile avere della frutta, pomodori, peperoni e cipolla.

Giunsero intanto due autocarri, che dovevano riportarci a Gospić attraverso il Velebit. Vi salirono i bimbi più piccoli con le mamme.

A Gospić furono collocati subito nei vagoni bestiame per essere trasportati in Bosnia (Kruščica). Durante i 4 o 5 giorni del tragitto i vagoni non furono aperti. Si può quindi facilmente immaginare il viaggio di quei disperati, tra i quali si trovavano anche bimbi di pochi mesi.

Nel frattempo attendevamo l'arrivo di altri autocarri per il nostro trasporto. Nessuna tra di noi dava segni di impazienza, si sperava di riunirci ai nostri uomini e di ritornare assieme a Zagabria.

L'ufficiale italiano, dopo le mie concise spiegazioni, aveva probabilmente fatto rapporto ai suoi superiori: la torpediniera si allontanò difatti in direzione dell'isola di Pago. Prima però era salita a bordo una commissione composta di civili e militari, che avevano con loro macchine fotografiche e cinematografiche.

Alla sera ci fecero salire a bordo del battello che ci aveva trasportate a Carlopago, il quale si scostò qualche metro dalla riva. Dovemmo trascorrere la notte pigiate in modo da non poter muovere le braccia. Per i bisogni naturali c'era l'ampio mare. Al buio bisognava star calmi per forza, ma appena giorno vi furono vive proteste causa questo trattamento inumano.

La torpediniera italiana assieme ad altri battelli era ancora al molo. Gli alpini italiani giungevano intanto da ogni direzione e furono gli ufficiali italiani che costrinsero gli Ustascia a far accostare il nostro battello.

Durante la mattinata arrivarono gli autocarri e ci caricarono sui medesimi nell'istante in cui i nostri uomini stavano salpando.

Si partì per Gospić dove ci attendevano i soliti vagoni bestiame. Tutto il pomeriggio trascorse nella speranza di vedere giungere i nostri cari. I vagoni avrebbero dovuto rimanere chiusi, ma quando una delle nostre ragazze si sentì male, il medico italiano di guardia ordinò che il vagone rimanesse aperto fino al momento della partenza. Incaricò una sentinella di vigilare che l'ordine venisse eseguito. Si partì alle 19.

Qualche istante prima della partenza gli Ustascia gridarono: «Le donne i cui mariti erano a Slano, possono scendere ad aspettarli». Purtroppo ciò non fu possibile, perché il treno era già in movimento. Nello stesso trasporto si trovavano gli ebrei che erano stati internati a Gospić dopo di noi, precisamente il 10 luglio. Essi avevano avuto miglior fortuna, perché avevano potuto nutrirsi bene, mangiando all'osteria o da contadini ed erano stati alloggiati in modo ben differente dal nostro. Avevano aiutato nei lavori campestri e goduto di ampie libertà.

Dopo 20 ore di viaggio (questo tragitto in epoche normali durava 5 ore) si giunse a Jasca. Ad ogni stazione le fermate erano lunghe. Si capiva facilmente che i nostri superiori non erano concordi riguardo la nostra destinazione; c'erano ordini e contrordini. Sembrava che anche i ribelli incominciassero a dar loro del filo da torcere.

Scesi a Jasca, ci destinarono al castello, distante quattro o cinque chilometri dalla stazione. Era la prima volta che mi trovavo con un numero stragrande di reietti, non più appartenenti al ceto medio, com'era stato il caso finora. C'era con noi gente di ogni specie, uomini e donne di ogni età, tra i quali anche sudditi serbi. Molti tra loro coperti di soli stracci, portavano perfino bimbi sulle spalle, altri si trascinavano dietro i più disparati pezzi di mobilio... uno spettacolo doloroso, impressionante!

Ad ogni porta, ogni finestra, i soliti curiosi. Fra la moltitudine scorsi soldati italiani. Sorse allora, nell'animo di tutti, la speranza di una possibile, non lontana salvezza.

Ci costò molta pena trascinare i nostri sacchi per vari chilometri, tanto più che eravamo digiuni. Finalmente si arrivò al vasto piazzale del castello, dove si trovavano le stalle a noi destinate. Si prese subito possesso delle stesse.

L'edificio, vastissimo, aveva anche una specie di cantina e una specie di granaio, ove c'erano ammucchiate cipolla e avena. Dato che questi ambienti dovevano essere occupati da noi, ci affrettammo a mettere da parte tali provviste. Si formarono subito gruppi di giovani organizzatori. Ce n'era davvero bisogno, perché l'ampio edificio aveva una sola porticina d'accesso dalla quale bisognava passare per qualsiasi evenienza.

Eravamo talmente stanchi e deboli dal digiuno prolungato che l'aria opprimente della stalla ci fece svenire. Ottenni il permesso di rimanere all'aperto, e, miracolo davvero, ebbi perfino una seggiola! Mia figlia si accoccolò ai miei piedi; tenevo il mio Bruno, febbricitante dalla stanchezza e sfinito dalla fame, sulle ginocchia. Dovevamo formare un gruppo ben pietoso. Un sacerdote, che passava da quella parte, si fermò un istante per chiedere di che avevamo bisogno, così mi fu possibile di aver un po' di latte per Bruno. Io e mia figlia ci coricammo digiune.

All'indomani si dové attendere più di un'ora per poter varcare l'unica porticina e non avevo nemmeno finito di lavarmi alla fonte del cortile, quando si diffuse la notizia che gli uomini di Slano stavano arrivando. Difatti, poco dopo, abbracciai mio marito. Quei poveretti, dopo sole cinque settimane di soggiorno al campo, erano in tali condizioni fisiche da stentare a ravvisarli; portavano indumenti laceri e macchiati, scarpe forate da ogni parte. Non riconobbi nemmeno un mio cugino, fu mia figlia che me lo fece osservare. «Devo essere ben cambiato, se nemmeno mi riconosci» osservò lui tristemente.

Qualche signora pietosa offrì a tutti del tè, forse per l'intervento del sacerdote. Dopo brevi istanti gli Ustascia intimarono: «Da una parte quelli di Slano!». In quel momento si pensò a una eventuale liberazione, sia pure a costo di gravi sacrifici. Erano stati sì duri i nostri pellegrinaggi, sì numerose e dolorose le privazioni di ogni genere, che speravamo davvero in un raggio di sole benefico.

Riuniti si marciò fino alla stazione. Noi, bene o male, avevamo avuto un po' di riposo, ma gli uomini, appena giunti da un viaggio faticoso, erano allo stremo delle loro forze.

Alla stazione di Jasca i famosi vagoni ci accolsero nuovamente e, dopo pochi istanti, il treno si mise in movimento. Ci chiedevamo dove ci portassero e l'agitazione era enorme. Il treno filava verso Zagabria, la speranza scendeva nell'animo nostro.

Mio zio, un uomo di 70 anni, col quale più di una volta avevo fatto quel tratto in macchina e che ben conosceva la strada, osservò: «Vedremo ora al bivio Santa Clara se effettivamente ci portano a Zagabria». A mezzogiorno si giunse al bivio. Si udiva distintamente il suono delle campane del Captol (il duomo di Zagabria), ma il treno deviò bruscamente, prendendo un'altra direzione. Zagabria ci restò alle spalle. Mio zio scoppiò in un pianto e con lui tutti gli altri, ormai la disperazione si era impossessata di noi!

Alle 19 circa arrivammo a Jasenovac. Gli Ustascia non ci diedero da mangiare, bisognava arrangiarsi da soli. Un mio cugino ebbe l'abilità di procurarci un po' di cibo che fu fraternamente diviso tra 27 di noi, tutti dello stesso vagone.

Ad una signora, certa Lustig, riuscì di ottenere da una conoscente un pacco di viveri. Per quanto in compagnia della vecchia madre, del marito e di un bimbo di 5 anni, essa diede al mio Bruno un pezzetto di pane con la marmellata. A mio cugino fu pure possibile, con sotterfugi, far partire una sua cartolina recante nostre notizie e fu questo il primo nostro segno di vita dal 9 luglio in poi. I precedenti nostri scritti non erano stati inoltrati. Ciò avveniva venerdì 22 agosto.

A Jasenovac chiusero i vagoni e il Comandante si allontanò. Erano trascorse poche ore quando due Ustascia, dalle sembianze spaventevoli, riaprirono il nostro vagone. Ci eravamo coricati a stento, alla rinfusa. Mio marito, che era disteso di fronte alla porta, fu il primo al quale venne strappato con violenza l'orologio dal polso. Ad una ragazza portarono via nello stesso modo persuasivo l'anello nuziale della mamma morta, ricordo per lei di grande valore. Poi ci imposero la consegna immediata dei nostri averi. Ben poco ci apparteneva ormai, ma quel poco fu dato; ottenuto un tanto si dileguarono.

Dopo la triste avventura si sperava di stare in pace. Mio marito ed altri si addormentarono, ma io tenevo i miei figli stretti a me e non potevo trovar sonno. Verso la mezzanotte il battente del vagone fu riaperto da altri due individui, dall'aspetto più spaventevole e feroce dei primi, se possibile. Erano scalzi, portavano lampadine cieche e si raccomandavano a vicenda di non far rumore. Il loro primo gesto fu quello di strappare le scarpe e le calze ai miei compagni. Cercavano forse i tesori che non c'erano più.

Scorta mia figlia, chiesero la sua età. Per evitare che la potessero portare con sé, dissi che aveva 12 anni.

Ci svegliarono la terza volta, sempre per lo stesso motivo e allora si fece capire a quei mascalzoni che i loro compagni ci avevano già completamente spogliati. Finalmente se ne andarono, ma la notte non era calma. Si udiva di continuo lo stridio provocato dall'apertura e chiusura dei vagoni, delle sbarre levate e apposte ai medesimi, grida di donne, pianti di bimbi.

Alla notte angosciosa succedette il mattino agitato. Cosa ci avrebbe portato la giornata? Questa era la domanda sulla bocca di tutti.

Mio marito mi assicurava che a lui premeva soltanto restare con noi. Guardava con tenerezza e pietà i suoi bimbi, e, forse sperando nella libertà non lontana, diceva che anzitutto bisognava pensare a nutrirli bene.

Fra i più depressi era quel cugino che non avevo riconosciuto. Egli aveva sperato di far ritorno a Zagabria... «Non puoi immaginare,» diceva «cosa significa l'essersi visti ormai nella propria casa, immersi nella propria vasca da bagno, vicino a moglie e figli, e trovarsi invece qui!» E da lui, testimone oculare, seppi che allo Zbor mio zio e sua moglie avevano lavato con la soda caustica la grande sala dei concerti e precisamente quella dove un tempo, lo zio, presidente dello Zbor, aveva ricevuto gli ospiti e tenuto i discorsi inaugurali.

Intanto gli uomini, per farci passare allegramente il tempo, raccontavano le varie peripezie sofferte. Tra loro c'erano state varie fucilazioni, durante una notte di violento uragano era crollata una baracca di legno e i feriti erano stati trasportati su di un battello con l'intenzione evidente di portarli a Carlopago.

Colui che esponeva il fatto, aveva riportato nel frangente ferite leggere. Aveva sperato di trarre qualche vantaggio personale venendo a contatto con medici e suore. Per due giorni consecutivi, da un lucernario della stiva dov'era rinchiuso con i suoi compagni, gli era stato possibile scorgere il campanile di Carlopago che si avvicinava e allontanava. È chiaro che c'era l'intenzione di farli sbarcare e non volevano essere visti. Ciò non fu possibile, quindi presero il largo. Nel frattempo due o tre feriti gravi erano spirati e per quanto i superstiti implorassero l'apertura della stiva, era il mese di agosto, e un po' d'acqua, nessuno si scompose. I morti furono gettati in mare dopo qualche ora appena, gli altri trasportati su tavolati tra i sassi. Si portava loro da mangiare due volte al giorno; guarirono per opera di madre Natura. Rientrati al campo, si avvidero di essere stati sempre in quei paraggi.

La mia famiglia e la Storia
Parte I

Il racconto di Medea si apre con quella che è apparentemente una contraddizione. Lei nomina prima gli jugoslavi, poi i croati, poi i serbi, come si trattasse di tre popoli distinti. In realtà, croati e serbi coesistevano nella stessa nazione, chiamata Jugoslavia, proprio in quanto jugoslavi. Un'invenzione storica, quella della Jugoslavia, che abbiamo poi visto esplodere in una tragica fiammata di guerra e che già ai tempi generava attriti e turbolenze. Nei ricordi di mio nonno Bruno, però, le tensioni non erano altissime prima della Seconda guerra mondiale, nonostante le diverse tradizioni e affiliazioni politiche dei popoli jugoslavi.

La guerra cambiò tutto e questo ebbe grossi effetti anche sulla storia della mia famiglia. Quando invase la Jugoslavia, l'obiettivo principale della Germania era la Serbia filorussa. Una manna dal cielo per Ante Pavelić e i suoi Ustascia, che diventarono immediatamente le gambe e le braccia della Germania nazista e dell'Italia fascista. Medea stessa racconta di questo rapporto privilegiato tra la Croazia e l'Asse, che permise a Zagabria di essere risparmiata dalle bombe. Non è un caso che le persecuzioni di Pavelić, oltre che gli ebrei e altre minoranze, riguardassero soprattutto i serbi.

A sottolineare ancora questo rapporto privilegiato è anche la scena dei fiori lanciati dalla finestra agli invasori. Una scena, almeno in questa narrazione, simile a quelle avvenute in Italia all'arrivo degli Alleati. Il nonno però non la vede né la spiega in questo modo: nessuno considerava i tedeschi come liberatori, ma allo stesso tempo l'idea di essere separati dalla Serbia non dispiaceva a molti. Anche dal modo in cui Medea descrive l'arrivo dei soldati tedeschi non emerge l'orrore di chi si trova in casa il male assoluto, sebbene l'odio dei nazisti verso gli ebrei sia messo in evidenza fin da subito.

Il primo spaccato di vita personale è il racconto della notte passata a casa della suocera, per la paura dei bombardamenti. L'immagine è quella di una famiglia unita, proprio come la descrive mio nonno: una famiglia che conosce bene anche l'importanza della sfera materiale, non a caso Medea sottolinea di aver portato con sé qualche avere. Era ben consapevole che, qualora le cose si fossero messe male, uno dei pochi alleati sarebbe stato il denaro, anche se non aveva idea, in quel preciso momento, di quanto male si sarebbero messe le cose e di come persino il denaro non sarebbe bastato a salvare lei e i suoi cari. Il racconto dell'acqua avvelenata è una delle più tipiche bugie della guerra, che sanno perpetrare violenza anche e soprattutto psicologica, ancora prima che fisica, ed è la prima di numerose bugie, informazioni sbagliate, confuse, manipolate a cui Medea e la sua famiglia andarono incontro. Un'angoscia, quella provocata dal non avere mai chiaro cosa stesse accadendo, che è facile percepire nelle parole di Medea nel corso del racconto. Sull'aneddoto di Ante Pavelić, capo degli Ustascia, ospitato anni prima dalla mia famiglia, occorre una precisazione: Pavelić non era un amico di famiglia. Al mio bisnonno Carlo fu chiesto un favore, che egli concesse. L'aneddoto però illustra bene come la famiglia di Medea fosse ben integrata nella società croata, tanto che fu loro chiesto di ospitare chi, seppur in quel momento fosse un fuggitivo, avrebbe in futuro comandato la Croazia. Questo ci aiuta anche a capire perché la famiglia non scappò subito, all'arrivo dei tedeschi o almeno alle prime avvisaglie dell'inasprirsi di una persecuzione contro gli ebrei. Come abbiamo detto, si trattava di una famiglia borghese prima che ebrea. Non immaginavano che i loro futuri persecutori avrebbero guardato solo alla professione religiosa delle diverse famiglie e non alla loro posizione sociale ed economica.

Eppure, descrivendo il ritorno di Pavelić in Croazia, Medea racconta delle leggi razziali promulgate contro gli ebrei. Leggi che risuonano sinistramente anche nella nostra memoria, identiche a quelle dell'Italia fascista e della Germania nazista, dalla stella gialla al divieto di entrare in certi locali o all'obbligo di recarsi in determinati luoghi a orari precisi. In poche righe si trovano due situazioni che colpiscono: il racconto dei tentativi di rendere più «alla moda» il segno giallo e la diffidenza di Carlo nell'indossarlo. Il desiderio di rendere più eleganti quelli che erano dei segni discriminatori e un chiaro campanello di allarme sulla volontà di perseguitare una parte della popolazione appare paradossale, ma anche commovente nel suo testimoniare il tentativo degli esseri umani di adattarsi, di dare un senso a ciò che senso non ha. Lo trovo anche significativo rispetto all'autopercezione della famiglia: borghesi, determinati a preservare le apparenze e l'eleganza di un certo ruolo sociale. È evidente che Carlo fosse un uomo in vista: non certo tutti gli ebrei finivano sui quotidiani. Allo stesso tempo, racconta l'inizio di una paura, l'intuizione che la vita da lì in poi non sarebbe stata la stessa. Perché non scapparono? Domanda più che lecita. Qui ritornano le parole del nonno: «Mai se lo potevano immaginare». È importante conservare la prospettiva storica: nonostante il popolo ebraico avesse nei secoli vissuto discriminazioni, persecuzioni, violenze, pogrom, l'orrore della Shoah restava del tutto inimmaginabile.

Nella normalità dei giorni e dei gesti quotidiani, si capisce come la situazione fosse ambigua: Medea arriva a parlare con apprezzamento del comportamento di alcuni soldati tedeschi, ma poi riferisce di aggressioni da parte degli stessi soldati. Il clima era di tensione, di incertezza, di allarme, ma non ancora di terrore. Scrive Medea: «Vari avvocati ed industriali ebrei furono imprigionati e lasciati liberi dopo una decina di giorni verso formale promessa di raccogliere in breve tempo oro, gioielli e denaro liquido. Si formò difatti un comitato di ebrei, che consegnò tali valori all'Autorità richiedente. Ma gli ebrei non godettero a lungo di tale libertà perché, già a metà giugno, un gruppo di loro fu fatto partire per ignota destinazione». Medea parla di «libertà» riferendosi a una specie di liberazione sotto cauzione: uscire di prigione promettendo di versare un piccolo tesoro alle autorità. Questo da parte di persone che non avevano commesso alcun reato, ma che purtroppo erano abituate dalla Storia, come popolo, a subire vessazioni. Pensavano che questo sarebbe bastato. Non bastò.

Nelle righe successive viene nominato per la prima volta il commissario Horvat, personaggio importante di questa storia. Quest'uomo, che godeva della fiducia della mia famiglia, supervisionava la ditta di

Carlo, considerata estera perché la sede centrale si trovava a Lubiana, città ai tempi sotto il controllo italiano. Avrebbe dovuto garantire che, qualsiasi cosa fosse successa nel corso della guerra, se anche la mia famiglia avesse dovuto allontanarsi, al ritorno a Zagabria avrebbe ritrovato la propria azienda intatta. Nelle stesse righe emerge che Carlo, per quanto non avesse deciso di fuggire, aveva in realtà chiesto un trasferimento ai suoi superiori alla sede centrale, consapevole del veloce aggravarsi della situazione. Questo non gli venne permesso, per via del suo ruolo di direttore della filiale Union di Zagabria. Un altro esempio di come il fattore socioeconomico per la mia famiglia avesse in diverse occasioni il sopravvento su quello religioso: l'importanza di essere dirigente era più grande della paura di essere un ebreo. E poi, dato il suo status sociale, Carlo probabilmente pensava di poter godere di un trattamento di favore.

Nelle righe successive, dove si descrive la terribile esperienza nello Zbor (la fiera) in cui erano stati radunati gli ebrei dagli Ustascia, viene nominata l'ambasciata italiana. Qui è importante una precisazione. Nel corso del diario Medea, che era italiana, parla degli italiani e dell'Italia con speranza, sebbene anche l'Italia fascista non fosse certo un luogo sicuro per gli ebrei. Fuori dall'Italia, in particolare nelle zone in cui è avvenuta questa storia, non era però esattamente così. La politica fascista verso gli ebrei, nelle zone controllate dall'esercito italiano, era assai più «rilassata» che nella madrepatria. Due erano i fattori che crearono queste condizioni: il primo è legato all'esigenza tutta mussoliniana di non aderire pedissequamente alla politica razziale tedesca, per dichiarare implicitamente l'indipendenza da Berlino. Infatti, nonostante il fallimento della guerra parallela e le continue richieste di aiuto da parte italiana su tutti i fronti, Mussolini cercava ancora di far valere presso il più potente alleato una qualche autonomia nella gestione dei territori sotto controllo italiano. A Hitler questo stato di cose conveniva comunque, per non distogliere truppe: servivano più sui campi di battaglia che dislocate in territori occupati con compiti di polizia.

Il secondo fattore da prendere in considerazione è legato alla persona del massimo responsabile delle forze armate in Jugoslavia, il generale Mario Roatta. L'alto ufficiale, pur promuovendo un'azione antipartigiana feroce (è famoso per aver scritto in una delle sue direttive «si ammazza troppo poco»), nei riguardi degli ebrei si dimostrò addirittura incline al salvataggio di quelli che erano sotto il suo controllo: si parla di circa 2500 ebrei che si trovarono temporaneamente in salvo sotto la sua giurisdizione. Il generale si oppose alle frequenti richieste avanzate da parte croata e tedesca che avrebbero senz'alcun dubbio «liquidato» i civili protetti dall'Italia. In questo senso più di uno studioso ha ravvisato un carattere opportunistico in questa vicenda, dato che la persecuzione antiebraica era perseguibile non solo da un singolo Stato ma da più soggetti giuridici, suggerendo in questo modo che il generale pensasse pragmaticamente alla sua posizione nel dopoguerra. Roatta era stato nei servizi segreti e molto probabilmente sapeva leggere gli avvenimenti in prospettiva e non solo in termini di immediato beneficio. A fianco a queste considerazioni non può mancare anche il fatto che in molti casi i soldati italiani non gradivano che loro concittadini venissero maltrattati da forze sì alleate, ma pur sempre straniere, ed è provato che in quelle zone gli ebrei sotto il controllo di soldati italiani vissero in condizioni decisamente migliori di quelli deportati dagli Ustascia. Medea era poi una donna di ottima famiglia triestina e suo padre Raffaele aveva agganci importanti sia all'interno della comunità ebraica sia tra i politici e addirittura nella Chiesa. Nella mente di Medea, entrare in contatto con gli italiani significava poter agire su qualche leva in grado di salvare la sua famiglia. A questo punto, evidentemente, la consapevolezza del pericolo in cui si trovano si è fatta più precisa. Se non altro, tutti sanno bene cosa succede in una guerra e il consiglio di far fuggire almeno sua figlia, per evitare che possa subire violenza da parte delle truppe in città, esula da qualsiasi considerazione razziale, è puro buonsenso.

Al momento dell'arresto, la famiglia vive un passaggio fondamentale e traumatico, quello del tradimento di Horvat. Il commissario ottiene per loro – grazie sicuramente al posto che occupavano in società – un favore davvero minimo: quello di non venir portati via subito, ma avere un giorno di tempo per prepararsi. Poteva essere il giorno necessario a fuggire, ma anche questa occasione non fu colta: la situazione, per quanto drammatica, non era considerata irreparabile, la speranza di essere lasciati in pace ebbe la meglio sulla cautela, o sul comprensibile timore di dover lasciare tutto. Potrebbe sorprendere, vista dalla prospettiva di oggi, la sorpresa di Medea alla scoperta del tradimento del commissario Horvat: la Storia in fondo è piena di persone che hanno voltato le spalle agli ebrei per impossessarsi dei loro averi. Ma la mia famiglia si era sempre fidata di Horvat, e non si aspettava questo voltafaccia. Che ebbe effetti ben oltre la deportazione, dato che il commissario si impossessò di tutti i loro beni, e Medea e i figli non sarebbero mai più tornati a Zagabria.

Un altro dettaglio attira la nostra attenzione: Medea si dice speranzosa di poter tornare a casa, come gli altri neobattezzati. Spesso tra gli ebrei si parlava di ricorrere al battesimo come ultima ratio per evitare le persecuzioni, nella realtà il solo beneficio era quello di entrare nell'orbita della Chiesa e delle loro «operazioni umanitarie» volte al salvataggio dei neocattolici, sebbene senza alcuna garanzia di non subire discriminazioni. Anche Liliana Segre e il padre valutarono questa possibilità rinunciandoci per quanto abbiamo scritto in precedenza. Infatti, nel caso delle leggi razziali, era comunque il «sangue» a farla da padrone, ovvero la discendenza da uno o entrambi i genitori ebrei: se il figlio di matrimonio misto fosse stato battezzato alla nascita avrebbe avuto minori discriminazioni e la possibilità di non essere perseguitato, almeno in tempo di guerra. Per un individuo nato da entrambi i genitori ebrei non c'era alcuna possibilità, battesimo o meno, di non essere attenzionato dalle leggi razziali.

È nella descrizione della vita allo Zbor che si nota – infine – un mutamento di percezione, la comprensione che il pericolo non è più quello ordinario della guerra, ma sta assumendo tratti eccezionali e spaventosi. Nell'osservare quell'orrore, di cui l'esempio perfetto è la noncuranza di un mutilato di guerra, Medea inizia ad accorgersi che quanto sta accadendo a lei e alla sua famiglia non rientra nemmeno nella normale anormalità della situazione bellica. La morte diventa una possibilità concreta e il viaggio verso l'ignoto è appena cominciato.

Il diario
Parte II

Verso le 8 di sabato 23 agosto, il Comandante degli Ustascia ordinò agli uomini di abbandonare i vagoni. Ciò significava: dividerci. Mio marito, per poter rimanere più a lungo con noi, fece la proposta di raccogliere le immondizie alla stazione. Poi dovette incamminarsi con gli altri. E questa, purtroppo, fu l'ultima volta che lo vidi.

Ben pochi poterono abbandonare Jasenovac. Vi furono decimazioni e fucilazioni. Alla fine di ottobre sparì circa un'ottantina di loro. Al 13 novembre vi fu un eccidio generale. Molti e soprattutto i vecchi furono abbandonati nei pressi della Sava. Il fiume straripò annegandoli.

Dopo la partenza degli uomini, il Comandante divenne più umano. Si ricordò, come per incanto, che dal lunedì, 18 agosto, non ci aveva fatto aver cibo. Assieme a qualcuna delle nostre compagne andò al mercato a far degli acquisti. Ma non ci sarebbe stato bisogno perché i contadini di Jasenovac, appena saputo che era permesso portarci da mangiare, arrivarono da noi con ceste e tegami carichi di cibo. Data l'umanità dimostrata dal Comandante, ci decidemmo a narrargli i fatti della notte precedente, temendo di passarne un'altra peggiore. Egli impartì subito l'ordine di lasciare i vagoni chiusi dopo l'imbrunire. Ma lo stesso la notte non fu tranquilla. Nelle vicinanze dovevano trovarsi i ribelli che disturbavano la linea ferroviaria. Impressionante oltremodo il crepitar delle fucilate, i vari comandi impartiti, lo spostamento continuo del nostro vagone.

Verso mattina si partì, finalmente; alle 8 arrivammo a Brod. In 100 circa attraversammo la città, portando sacchi e fardelli. Il tragitto durò forse 40 minuti. Era una domenica splendente di sole. Non si vedevano più militari italiani, c'era soltanto soldataglia tedesca. Uno di questi prodi, da una finestra, aizzò i nostri Ustascia contro una vecchia che stentava a trascinare il misero bagaglio.

Sostammo dinanzi a una casetta completamente vuota. Dalle pareti, dalla pavimentazione del bagno e da altri indizi era facile arguire che la medesima doveva esser stata abitata da gente benestante. Difatti, il proprietario era stato un noto avvocato, giustiziato nei primi giorni di luglio.

La vista del bagno acuì il desiderio di lavarci e ciò fu possibile soltanto per quella giornata. L'acqua arrivava ai rubinetti mediante un'apposita dinamo collocata nella cantina e non era sufficiente ai nostri bisogni. Si dovette rinunciare a tale beneficio e cedere il posto agli Ustascia.

Gli ebrei di Brod, nel frattempo, avevano saputo del nostro arrivo e ci inviarono dei pacchi molto graditi. Una delle nostre ragazze, che aveva conoscenti a Brod, tentò di comunicare con loro all'insaputa del Comandante. Questi se ne accorse e, per castigo, si affrettò a rimandare i pacchi pervenutici. Fortunatamente ci rimase una cassa con vari indumenti.

Il Comandante ci faceva avere due piatti di minestrone al giorno, oppure una tazza di caffè latte. I bimbi, per lo più, ricevevano gli avanzi degli Ustascia. Oggi rabbrividisco all'idea che i nostri usassero le stesse stoviglie di costoro e vuotassero, felici, il fondo della loro gamella! Ma, allora, si ringraziava il Signore di un tanto!

Qui ebbe inizio la cosiddetta «fortuna» della mia Nada. Un Ustascia la notò e, per quanto non fosse più una bimba, le offrì giornalmente i residui del suo pranzo e della sua cena.

Un giorno, il Comandante, per dare un aiuto all'ostessa che ci cuoceva i pasti, scelse 7 ragazze che dovettero sbucciare patate; poi le invitò a un pranzo completo nel quale comparve anche il vino. Però, questo pasto, lo dovemmo pagar noi.

Si pensava di continuo al problematico avvenire. L'estate volgeva alla fine, la tristezza ci opprimeva e non arrivava nessuna notizia delle donne e dei bimbi partiti per primi da Carlopago.

Gli Ustascia diventavano invadenti. Di notte tentavano di penetrare nelle stanze delle ragazze attraverso le finestre del piano terra; fortunatamente non ci riuscirono. Una notte comparve invece il Comandante, ubriaco. Pretendeva di mettersi vicino a una ragazza ventenne, ma la madre di questa, ancora giovane e bella, prese il posto della figliola e, per due ore, dovette sopportare il soliloquio sconclusionato dell'ubriaco, il quale, ininterrottamente, tesseva i propri elogi. Il giorno seguente il Comandante dovette recarsi in città per delle compere e chiese alle ragazze quale di loro volesse accompagnarlo. Certa Nada Brainer si offrì, ingenuamente, ma ebbe a pentirsene e fu salva solo per l'intervento di una signora che casualmente doveva percorrere il loro stesso cammino. In quella stessa giornata, alle 16, il Comandante ci ordinò di far bagaglio e di tenerci pronte per la partenza.

Era giovedì, 28 agosto. Non ci risparmiò un altro discorso sconclusionato, del quale ben poco si poté comprendere.

Cadeva la sera quando ci si mise in moto. Dovemmo oltrepassare il ponte sulla Sava, che divide la Slavonia dalla Bosnia, quello della ferrovia lo avevano fatto saltare in aria i ribelli.

La parte bosniaca di Brod ha tutte le caratteristiche orientali. Le donne hanno la faccia coperta dal velo al pari delle turche, i muezzin, dall'alto dei minareti, invitano i fedeli alla preghiera. Una visione alquanto suggestiva.

Era una splendida serata di luna, tutto ispirava pace, serenità, ma il Comandante non era compreso. Quasi pazzo dalle soverchie libazioni, tirava all'impazzata colpi di rivoltella, talvolta contro le case, talvolta all'aria, incutendo a noi tutti terrore e ribrezzo. Per fortuna un ufficiale tedesco se ne avvide e lo trasse in arresto.

Dopo una marcia di 2 ore si partì da Brod, viaggiando sempre verso sud, fino al sabato mattina. Di notte, per lo più, si sostava su binari morti. I ribelli però non stavano inoperosi; ogni tanto risuonavano, ben distinti, colpi d'arma da fuoco.

Nelle varie stazioni, durante l'apertura dei vagoni, c'era sempre qualche ferroviere incaricato di porgerci cibo o oggetti utili, omaggio ben accetto di nostri correligionari abitanti di quelle regioni. Ebbi del riso, che servì a sfamare me e i miei figli, un po' di zucchero, sapone e altre cose necessarie.

Sabato 30 agosto, di mattina, si giunse a Vite, dove si scese e dopo un'ora di cammino a Kruščica, fortunatamente senza l'ingombro dei sacchi, che venivano trasportati col mezzo di un trenino.

Kruščica, mesi prima, era evidentemente appartenuta a un ricco commerciante in legnami. Constava di una casa padronale arredata in stile 900; naturalmente i mobili non c'erano più. Una stanza della casa rimase sempre chiusa durante il nostro soggiorno a Kruščica, ma le nostre ragazze, appena arrivate, ebbero modo di gettarvi un'occhiata. Nella stanza c'erano ovunque macchie di sangue, facilmente era stata adibita a scannatoio.

Parte dei mobili li avevano messi in una casa adiacente dall'aspetto più modesto, forse appartenente a un fattore. Colà si installarono gli Ustascia. La casa padronale invece fu occupata da signore e bimbi partiti da Carlopago due giorni prima.

Da dieci giorni, cioè da quando ci avevano separate, nulla si sapeva di loro. Le poverette erano in pessime condizioni fisiche e morali.

Accanto alla casa padronale si ergeva un piccolo fabbricato. Lì c'era la cucina degli Ustascia. Noi dovemmo accontentarci di far cucina quasi all'aperto, sotto una tettoia.

Si cucinava a turno.

Dirimpetto si ergeva un fabbricato adibito a stalla dove avrebbero trovato posto poche mucche soltanto. Lì dormivano le nostre ragazze; ma stavano meglio di noi, perché al riparo. Esse potevano anche sdraiarsi sul fieno. Scendendo una riva vicina e sorpassato un vasto campo si giungeva a un'altra casetta, la quale doveva esser stata nel passato adibita a deposito di legname. In quei paraggi moriva un trenino locale.

Nel vasto campo si iniziò la costruzione di baracche e in una di queste trovai posto pure io assieme ai miei bimbi. Nel pomeriggio cominciò a piovere e la notte la passammo nella baracca sotto l'ombrello. Eravamo fradici. All'indomani le nostre compagne dovettero restringersi fino all'inverosimile per farci un po' di posto nella casetta vicino al trenino. In uno spazio di due/tre metri scarsi si dormiva in sette. Fortunatamente la pavimentazione era in legno e c'era anche un gabinetto. Quest'ultimo fu presto messo fuori uso, perché l'acqua del medesimo penetrava nel sotterraneo, dove c'era la cantina, ovvero il rifugio di altri miseri sopraggiunti. Due signore, che dormivano sul pianerottolo, preferirono collocarsi nel gabinetto.

Durante i primi giorni dal nostro arrivo era possibile comperare qualche cosa dai contadini, i quali, per 10 dinari, ci davano un piatto di minestrone di verdure e un pezzo di pane saporito, poi pannocchie allessate e prugne a un prezzo irrisorio, fino a 16 pezzi per un dinaro. Questa cuccagna durò poco. I prezzi aumentarono e gli Ustascia ci proibirono di fare compere.

La regione era oltremodo bella e ricca di conifere. Chi conosce la Bosnia sa quanto questa ricordi la Svizzera. Ben di sovente vedevamo volare uccelli rapaci di grandi dimensioni. E sempre, dappertutto, alberi di prugne, per noi verso supplizio di Tantalo! Vedere soltanto, desiderare tanto ma... non toccare!

Ci davano da mangiare una sola volta al giorno con l'aggiunta di un piccolissimo pezzo di pane. È quindi ben comprensibile se ognuno cercava di aiutarsi in ogni guisa.

Era vietato accendere il fuoco con sterpaglia, come si usava negli altri accampamenti, ma si cercava di eludere la vigilanza degli Ustascia. Ciò non riusciva sempre ed allora eran guai. Gli Ustascia si affrettavano a spengere il fuoco ottenuto con tanta fatica e rovesciavano il contenuto delle pentole.

Le donne, adibite alla lavatura degli indumenti degli Ustascia, avevano miglior vitto. Una delle nostre ragazze fu destinata al servizio particolare della moglie del Comandante, una contadina che aveva un bimbo di pochi mesi. Questa adibì la ragazza ai lavori più umili; conscia però della superiorità della stessa, ricorreva spesso a lei per consigli, né si dimostrò malvagia, anche perché con l'andar del tempo, si ricordò di spedire dei viveri alla ragazza, che si trovava allora in un altro accampamento.

A turno ci offrivamo di sbucciare le patate degli Ustascia. Le bucce erano il compenso a tale fatica. Dopo essere state sottoposte a una radicale pulitura venivano cucinate in pochissima acqua. Ogni tanto una patata prendeva il volo per finire nelle tasche di qualche affamata che ci girava intorno. Per noi c'era un focolare di piccole dimensioni, ma il numero delle persone che ne usufruivano era tra i 300 e i 400.

Ben spesso si doveva attendere intere mattinate o interi pomeriggi per poter cuocere qualche inezia. Quando finalmente si arrivava ad avere un po' di spazio, bisognava restar lì a far la guardia, altrimenti il pentolino veniva allontanato da altri affamati.

Qualche rara volta si riusciva a penetrare nell'orto e a rubacchiare qualche foglia di verdura e ortiche che, tritate e unite alle bucce di patate, servivano a render più gustoso il nostro già gustosissimo pasto. Attenzione però a non farsi scorgere! Sarebbero volati dei manrovesci. Per ottenere un po' di sale bisognava addirittura lottare.

Se Slano era il posto più desolato, Kruščica, a causa della temperatura più rigida, era quello ove si soffrì di più la fame.

Un bel giorno, reduce dall'aver cucinato all'aperto un residuo del riso avuto durante il viaggio, mi corsero incontro i miei bimbi portando in trionfo qualche mela. Al primo momento, sapendo che non avevamo denaro, pensai a un dono. Immaginate la mia disperazione quando, trionfanti, mi confessarono di averle rubate! Con loro enorme meraviglia mi misi a piangere! I miei figli rubavano!

Ma essi osservarono, con la massima semplicità, che ero pazza di agitarmi in quel modo e che avrei fatto meglio ad accettare il pezzo di mela che mi offrivano tanto volentieri; se avessero saputo un tanto, avrebbero mangiato le mele da soli, in santa pace!

Un ramo di un ruscelletto serviva alle nostre abluzioni, un altro ci forniva l'acqua potabile. Guai al trasgressore della regola!

In noi era sempre viva la speranza del rimpatrio, ma, a varie riprese, arrivavano invece i nostri compagni di Jasca e quelli catturati ultimamente a Sarajevo. Andavano a prenderli di notte dando loro ben poco tempo per prepararsi. A Kruščica poi venivano trasportati in un campo e spogliati di ogni loro avere. C'erano fra loro parecchi serbi e, per la prima volta, vidi donne che si spidocchiavano a vicenda.

Tra i nostri compagni di Sarajevo c'erano donne, uomini e bimbi di tutte le età. Pietoso il caso di una ragazza ventenne, cieca, accompagnata dal padre e dal cagnolino. Fu separata dal padre, quanto al cagnuolo, gli Ustascia lo finirono a sassate.

A Kruščica, per iniziativa di una giovane medichessa ebrea, certa Miliza Brand in Kuhn, si istituì un'ambulanza. La dottoressa ci riuscì spesso utile, per quanto fosse fuori di pratica. Col suo mezzo i bimbi poterono avere certi vantaggi, p.e. un secondo pasto al giorno.

Dall'epoca in cui i cittadini di Sarajevo si trovavano nel nostro campo, la Comunità israelitica di Sarajevo e quella serba della stessa città inviavano all'accampamento, due volte alla settimana, degli autocarri con ogni ben di Dio: marmellata, biscotti, cioccolatte, forme di cacio, pane, zucchero, pollame già cotto, ecc. Di tutto questo ben poco si vedeva, al più qualche pezzo di pane e briciole di formaggio. Gli Ustascia portavano via tutto e non riuscivano nemmeno a consumare tanto cibo! Prova ne sia che, al momento della nostra partenza dal campo, trovammo tra le immondizie vari vasi contenenti marmellata, completamente schiacciati.

Il giorno di Capodanno e la vigilia del grande Digiuno, la comunità israelitica di Sarajevo, per evitare a noi di far cucina, ci mandò il cibo già preparato.

I compagni di Sarajevo cucinavano per proprio conto. Però non mangiavano certo meglio di noi. Quanto al dormire avevano la peggio, ché le loro baracche erano immerse nel fango. Ci furono restituiti i dinari da noi consegnati a Slano per fare lo scambio in Kune. Il cambio ufficiale era alla pari, ma a noi fu detratto il 40%. Devo notare, che la maggioranza di noi era ormai priva di denaro.

Per quanto fosse proibito fare acquisti dai contadini, ci riuscivamo sovente, non di rado col tramite dello stesso Ustascia, il quale aveva l'ardire di venderci, a proprio vantaggio beninteso, scatole di formaggio e altri viveri, inviati a noi dalla comunità di Sarajevo.

Il Comandante, accompagnato da certa Marga Singer, che avrebbe dovuto tutelare i nostri interessi, ci faceva delle perquisizioni allo scopo di impadronirsi del nostro denaro. Dato che non dovevamo averne, era pericoloso rivolgersi agli Ustascia per fare qualche compera.

Un signore di Sarajevo pregò un giorno un ragazzo di cambiargli 1000 Kune. Questi, naturalmente, dovette rivolgersi a un Ustascia: il misero fu tratto in arresto e nulla si seppe più sul suo conto.

Tra i nostri compagni di Sarajevo, gli Ustascia non avevano tardato a sfocar fuori una signora, a suo tempo padrona di una cucina popolare di Sarajevo e nota come ottima cuoca. La adibirono alla loro cucina e la signora condusse con sé, quali aiutanti, due sue nipoti. Ma queste non durarono a lungo, dato che gli Ustascia non volevano avere alla loro diretta dipendenza tre persone della stessa famiglia. La mia Nada e una sua amica occuparono i posti vacanti. Era tempo! Ormai non sapevo più come sfamare i miei figli, Bruno specialmente, che piangeva ogni notte per la fame e non si reggeva in piedi dalla debolezza.

Nada aveva ora il costo completo. Fortunatamente era ben vista dal cuoco e poteva ottenere due volte al giorno una gamella di buona minestra con carne per me e Bruno e spesso pane, salame, formaggio e qualche dolce. Ciò avveniva nella terza settimana del nostro soggiorno a Kruščica.

Mia figlia era molto sacrificata. Doveva essere in cucina dalle 6 del mattino e rimanere lì oltre le 20.

Alla sera, l'attendevo dietro la porta della casa padronale. Non posso certo descrivere cosa mi passasse per capo in quella attesa angosciosa. Le mie compagne, non poco invidiose, godevano a stuzzicarmi con mille supposizioni, ma erano ben soddisfatte quando mi vedevano dividere il cibo avuto tra i bimbi più deboli. Una sera, scoperta durante l'attesa, mi cacciarono via col calcio del fucile.

Un'altra volta, un Ustascia, che si trovava in cucina, mi vide passare e mi chiamò per consegnarmi un piatto di minestra destinato a una ragazzina, a cui era stato promesso. Strada facendo mi imbattei in un mascalzone, il quale, toltami di mano la gamella, la vuotò del suo contenuto. Poi mi mandò via aiutandosi col calcio del fucile, senza prender nota della mia giustificazione.

A Kruščica abbiamo avuto i primi morti.

Alla vigilia del grande Digiuno, le nostre ragazze ebbero il pietoso pensiero di ornare un po' quelle povere tombe. Il Comandante, avvedutosene, calpestò le fosse, sparpagliò i fiori e portò via le tabella col nome dei defunti.

In quello stesso giorno furono radunati tutti gli uomini e il giorno seguente (2 ottobre), mandati a Jasenovac. Le donne e i bimbi rimasti con noi ammontavano a circa un migliaio.

Non avendo più denaro per fare acquisti, si cominciò a vendere qualsiasi oggetto in nostro possesso come orologi, matite, penne, ecc... che gli Ustascia acquistavano contro pochi spiccioli. Si approfittava di ogni occasione per poter avere cibo e denaro. La fame aguzzava il cervello.

Da Kruščica, una signora con un bimbo di 3 anni fu rimandata a casa sua. Da notarsi che essa già a Metaina era stata avvertita del rilascio di suo marito avvenuto per l'intervento della ditta dove era occupato. In pari tempo le avevano comunicato che lei pure, in qualche giorno, sarebbe stata posta in libertà. Da allora erano però trascorsi due mesi!

Si rimase a Kruščica per cinque settimane. A noi era noto che i ribelli andavano rinforzandosi e che gli italiani avevano occupato le isole dalmate. Si sperava perciò in qualche buon cambiamento! Ahimè, ci si nutriva più di speranze che di carne! Ma nulla cambiava, nulla avveniva...

Durante il viaggio di ritorno avemmo campo di osservare tutte le devastazioni fatte dai ribelli. Lungo il tratto ferroviario c'erano ovunque case bruciate. A Brod si passò dal vagone bestiame a uno di III classe. Immensa, indescrivibile la nostra sorpresa, tanto più che gli Ustascia ci abbandonarono e al loro posto comparvero i cosiddetti *Kulturbündler*, cioè sudditi croati di origine tedesca e partigiani tedeschi, i quali ci offrirono subito un tè bollente assicurandosi che in caso di buona condotta tutto sarebbe andato per il meglio. E noi a sperare, a sperare sempre.

Da quel momento la lingua ufficiale fu soltanto la tedesca.

Sabato sera, 6 ottobre, si giunse a Zagabria. Eravamo molto commossi; ci divisero in vari gruppi e a due alla volta scendemmo dai vagoni con le gamelle alla mano. Finalmente si avrebbe mangiato! E si sfilò così, a due a due, davanti al posteggio delle crocerossine e delle signore della miglior società, che conoscevo benissimo. Le benemerite dame ci offrirono subito il tè con molto rum e zucchero, più un pezzo di pane, accompagnando il dono con uno sguardo pietoso, un sorriso occasionale e con le solite frasi di commiserazione. E c'erano anche i signori che si erano assunti il compito di confortarci. Tra questi rivedo oggi ancora il signor Tauss, il quale, nei buoni tempi, era stato mio compagno al tavolo del bridge. Egli mi batté amichevolmente sulle spalle dicendo: «Tutto andrà bene adesso». Il giro si ripeté due volte e due volte le offerte di cibo si rinnovarono. Satolle che fummo si passò, sempre a gruppi, dal nostro vagone a quello vicino, dove ci intimarono di spogliarci completamente. Nessuna di noi ne indovinava il motivo. Titubanti cominciammo a liberarci di qualche indumento, ma l'ordine era di spogliarci completamente. A ognuna fu dato un sacco per mettervi dentro i propri vestiti e consegnarlo poi a una crocerossina per la disinfezione. Intanto i *Kulturbündler* andavano e venivano, senza la minima discrezione.

Si passò nel vagone delle docce. Dato che l'acqua non difettava, ci lavammo pure la testa; ce n'era davvero bisogno. All'improvviso mi vidi davanti Bruno, il quale asseriva di esser pronto. In realtà assomigliava a una zebra perché il suo corpicino era tutto a strisce bianche e nere. Dovetti metterlo sotto la doccia e lavarlo per bene. L'infermiera ci portò le lenzuola per asciugarci ma, al momento di scendere dal vagone, ce le strappò, dicendo che le occorrevano per il prossimo gruppo.

Nude come eravamo, dovemmo attraversare la pensilina e salire nel vagone destinatoci. Ma faceva già freddo e il vagone non era riscaldato. Dovemmo pazientare fino all'arrivo del sacco contenente i nostri indumenti. Questi ci furono riconsegnati in condizioni indescrivibili. Li avevano pigiati nel sacco ancora umidi dalle disinfezioni a cui erano stati sottoposti, perciò alcuni si erano ristretti e raccorciati. Giunse il mattino; si cercò di dormire alla meno peggio. Eravamo fuori dalla stazione, ma il movimento si faceva notare e noi ci si rompeva il capo per poter comunicare in qualche modo coi nostri conoscenti di Zagabria ed ottenere dei vestiti adatti alla stagione. Il calendario segnava la data 9 ottobre e noi eravamo partiti in luglio!

Ci fu permesso soltanto di consegnare dei biglietti sui quali si poteva scrivere quanto si desiderava. I biglietti venivano poi consegnati alle signore ebree che si trovavano alla stazione e che erano per fortuna ancora libere. Eludendo un momento la vigilanza, potemmo apprendere dalle stesse che la comunità israelitica era riuscita a ottenere il permesso di occuparsi del nostro alloggio e del nostro vitto e che, a tale scopo, avevano preso in affitto un castello nei pressi di Zlatar.

Una delle nostre ragazze ricevette, con sua grande sorpresa, un foglio sul quale doveva apporre la propria firma. Glielo inviava il suo fidanzato ariano. In questo le sarebbe stato possibile sposarlo per procura e lui, a sua volta, avrebbe pensato a liberarla. La ragazza, dopo aver cercato affannosamente una matita o una penna, riuscì a firmare il foglio e, dopo sei settimane, fu posta in libertà.

Passò l'intera domenica e il lunedì alla stazione di Zagabria. Qui, proprio al di sopra del binario, c'è un ponte che porta a un sobborgo della città. Su questo ponte stazionavano di continuo molti curiosi, ma anche persone che speravano di ritrovare fra noi i propri cari. Una signora fu fatta scendere insieme alla figlia ventenne. Dopo la pratica da me acquistata per fatti analoghi, ero certa che per loro era giunto l'ordine di lasciarle in libertà. Invece, dopo gran parlottare e confabulare, furono fatte risalire. Le poverette partirono con noi alle 19.

Il treno, attraversando la città, passò proprio sotto la scuola di Bruno. I ragazzi ne uscivano a frotte. Mio figlio, riconosciuti vari suoi compagni, scoppiò in un pianto disperato, pensando che a lui era negata la gioia di trovarsi tra loro. Fu allora un'emozione generale. Noi si andava, si andava ancora, sempre, verso l'ignoto, verso nuovi dolori, nuovi sacrifici, nuovi martiri, eterni capri espiatori dei delitti degli altri.

A notte giungemmo a Zlatar. Durante il tragitto i *Kulturbündler* avevano scelto tra le ragazze delle «organizzatrici» e tra queste c'era mia figlia. Le volevano, si intende, belle e giovani. Da Zlatar ci trasportarono in varie corriere, al castello di Loborgrad. Le «ordinatrici» dovevano restare indietro per occuparsi del bagaglio. L'indomani mattina rividi mia figlia.

Il castello di Loborgrad fu famoso verso la fine del secolo scorso per merito del croato Matacic, il quale, dopo aver rapito la bella Luisa di Coburgo, la portò colà.

Il sito è bellissimo, bellissimi sono i dintorni, ma a noi non era concesso oltrepassare il piazzale del castello. A noi la natura non doveva sorridere.

I primi tempi il cibo era buono e relativamente sostanzioso, il pane in misura di un etto e mezzo o due etti al giorno. Abitavamo le stanze completamente vuote del castello. Nella stanza destinata a me e ai miei figli, eravamo in 53 persone. Questa era una delle migliori, la migliore forse, perché situata a mezzogiorno e aveva una sola fila di tavolati che servivano da giaciglio. Poi non c'erano i bimbi a disturbarci la notte. Nelle altre stanze, le file dei tavolati erano due; a quella superiore si arrivava con l'aiuto di una scaletta. Quasi tutte le mie compagne erano persone educate. Ci si avvide subito che l'organizzazione era tedesca. Ogni stanza doveva avere la sua capo reparto e una sostituta della stessa (*Zimmerkommandantin und Vertrerer*).

La prima non doveva lavorare, ma era responsabile di quanto succedeva nella stanza. Bisognava sorvegliare scrupolosamente la pulizia. C'era in ogni stanza un catino e una brocca per l'acqua. Secondo l'ordine impartito dalla capo reparto una o l'altra delle donne veniva adibita alla pulitura delle stanze, dovevano attingere acqua alla fonte e disporre i giacigli in modo ordinato.

Nel castello c'erano due cucine, una destinata ai *Kulturbündler*, l'altra a noi. Per i *Kulturbündler* cucinavano due signore che dovevano portare la cuffietta bianca. Per servirli a tavola e tenere ordine nelle loro stanze, avevano scelto tra le nostre ragazze quelle che sembravano loro più adatte. Le ragazze dovevano essere vestite decentemente, ben pettinate e portare la faccia e il grembiule bianco. In compenso mangiavano bene, quasi al pari dei *Kulturbündler*.

Le ragazze prescelte erano quelle che 10 giorni prima del nostro arrivo erano arrivate a Loborgrad assieme alle loro madri, per farci trovare in ordine il castello. Avevano promesso loro la libertà dopo tale incombenza, ma, come sempre, si mancò di parola. Si osservava che queste, a differenza di noi, che da ben tre mesi assieme ai nostri bimbi si soffriva la fame e ogni sorta di dolori, non avevano bisogno certo di nutrimento, perché arrivate fresche fresche dalle loro case.

La capo reparto aveva l'incarico di mandare giornalmente due di noi in cucina, quale aiuti alla cuoca. Si sbucciavano patate o si eseguivano lavori del genere.

Ci davano da mangiare tre volte al giorno. Alla mattina, caffè zuccherato per noi, per i bimbi il latte. A colazione un piatto di buona minestra ben condita, talvolta c'era l'aggiunta di carne. Di sera minestrone o patate lessate, più gradite ancora. La capo reparto doveva sempre precedere il gruppo che andava a mangiare e, sostando davanti alla caldaia del cibo, indicare il numero della stanza e quello delle persone che l'abitavano. Ferma poi davanti alla marmitta, controllava se il numero indicato corrispondeva al numero delle persone che mangiavano. Non erano possibili gli abusi. I contravventori a tale misura venivano per parecchie ore rinchiusi in un'orribile prigione.

Per gli indisciplinati vari erano i castighi. Una signora quarantenne che ebbe l'ardire di prendere doppia razione di cibo dovette stare un intero pomeriggio inginocchiata nel mezzo del cortile.

Eravamo in 1500, fra noi c'erano solo 9 o 10 uomini, che seguivano lavori da falegname e seppellivano i morti. Le donne, fino all'età di 30 anni, venivano date in nota dalla capa ai *Kulturbündler*. Esse si recavano giornalmente al lavoro. Erano pronte alle 9 e lavoravano fino alle 18, con un breve intervallo per la colazione. La loro occupazione principale consisteva nell'asportare ciottoli dal ruscello, che servivano per la riparazione del cortile. Dalla stazione prelevavano legname, sacchi di legumi o farina, merce questa inviataci dalla comunità israelitica di Zagabria, la quale ci spediva pure biscotti per i bimbi, mele, formaggio, marmellata.

Non tutto certo veniva distribuito. Precedentemente eravamo nelle mani di ladri conosciuti, ora alla mercé di ladri in guanti gialli. Le ragazze erano anche adibite alla pulizia dei fossati che servivano da latrine; perciò si ebbe a riscontrare tra loro i primi casi di tifo.

In genere, la questione delle latrine era un affare assillante. Non si poteva usufruire delle stesse e, nel cuore dell'inverno, con 30 gradi sotto lo zero, bisognava andare all'aria aperta. I controlli venivano fatti quasi sempre di notte. Per ogni inezia svegliavano la capo reparto: o il gabinetto non era pulito, o c'erano delle immondizie nei corridoi e via di seguito. Uno dei controllori proiettava i raggi della lampadina elettrica in ogni angolo per cercare le ragnatele.

Se le trovava, bisognava alzarsi e levarle. Le scarpe dovevano essere bene in vista davanti ai nostri giacigli. Se non erano pulite, le gettavano dalla finestra.

Le ragazze che avevano le scarpe sudicie o bagnate, causa l'arduo lavoro giornaliero, le nascondevano con cura, facendosene prestare delle altre da noi.

Dopo la prima settimana mia figlia poté trovare un posto nel panificio. Ciò era più piacevole del portar sassi o pulire latrine, ciononostante il suo lavoro richiedeva molto sacrificio. Doveva alzarsi alle 4 e rincasare tardi alla sera. Quando i *Kulturbündler* si recavano a Zagabria portavano con loro, oltre ai viveri prelevati dalle nostre provviste, da 60 a 80 chili di pane, confezionati con la nostra farina. In quei casi, le signore addette alla panificazione dovevano lavorare da 24 a 36 ore consecutive.

In questo periodo cominciarono a giungere da Zagabria i pacchi di vestiario tanto desiderati. Chi aveva la fortuna di trovare nei medesimi gli indumenti richiesti, era felice, pensando che la sua dimora fosse ancora libera. Purtroppo ciò non corrispondeva sempre alla realtà. Altri si disperavano, perché invece dei propri vestiti ne trovarono degli altri.

Trascorse le prime settimane, si ottenne il permesso di scrivere qualche cartolina. Era compito della capo reparto di farcele avere ed essa era pure incaricata dell'inoltro di tutti gli scritti.

Varie ragazze avevano trovato occupazione nella cancelleria e queste avevano miglior vitto. Era proibito scrivere di nascosto. Il Comandante si avvide due volte di un tanto e le colpevoli finirono in prigione. Nelle cartoline si poteva chiedere l'invio di generi alimentari: difatti, naturalmente, arrivava gente da Zagabria con pacchi e pacchetti. Meno rare eccezioni non potevamo comunicare con loro. Ci si vedeva da lungi soltanto; i pacchi li deponevano all'ingresso del cortile. Due belle ragazze serbe, impiegate alla cancelleria, venivano poi a prelevarli. Ma i pacchi venivano regolarmente decimati.

Nel corso della giornata, da un'apposita distinta si rilevava i nomi dei destinatari e questi dovevano mettersi in fila alle ore 18: all'appello potevano ritirare i loro pacchi. La distribuzione, nei primi tempi, era affidata alle impiegate della cancelleria. In seguito si constatò la sparizione di vari pacchi e fu necessario cambiar sistema.

Chi non voleva venir di persona, poteva consegnare il suo pacco alla comunità israelitica di Zagabria, la quale ne curava prontamente l'inoltro a Loborgrad, e faceva due volte per settimana delle spedizioni a mezzo autocarro.

Certi si offrivano di portare i pacchi a Loborgrad verso una data ricompensa. Se si trattava di vari invii facevano un buon affare, tanto più che non tutti i pacchi giungevano a destinazione. Io, per esempio, non ho avuto fortuna in tale riguardo.

Mi era riuscito di far sapere a un grossista di Zlatar, già nostro cliente, che mi trovavo a Loborgrad coi bimbi e lui si affrettò a far delle spedizioni, ma ricevetti soltanto una parte delle cose inviatemi.

Anche i miei genitori, abitanti a Trieste e varie mie amiche di quella città, tentavano in tutti i modi di venirmi in aiuto. Ma, dall'Italia, era permesso soltanto l'invio di cioccolata e frutta secca, cibi troppo ghiotti e delicati per le nostre bocche! Dato che Nada era addetta alla panificazione, poteva avere un chilo di pane al giorno; ci aiutavamo così con degli scambi, che erano all'ordine del giorno.

Le mie compagne si improvvisavano parrucchiere, calliste, curavano le mani, confezionavano vestiti, a seconda dei bisogni. E, per tenerci un po' allegre, non mancava nemmeno la cartomante! Io confezionai vari grembiuli con biancheria fuori d'uso, poi guanti e calzette. Da vari vestiti di bagno si ricavarono gli indumenti più necessari e, quale compenso alla nostra fatica, si chiedeva soltanto del cibo.

Non di rado giungevano da Zagabria i «controllori». Allora si era in gran faccende, bisognava metter tutto a posto per bene. Tra noi, disgraziatamente, c'erano molti pidocchiosi. La stanza dei bimbi, proprio vicino alla nostra, ne era zeppa e, per evitare il contagio, ci si lavava il capo con il petrolio.

Il rimedio era efficace e la nostra stanza era così la più pulita, ma quante difficoltà da superare per avere il petrolio!

Anche da certi *Kulturbündler* si poteva fare qualche acquisto, come: pasta dentifricia, sapone, candele, che servivano all'illuminazione, qualche biscotto, dei dolciumi per bambini.

In quel periodo di tempo si diffuse la notizia di qualche rimpatrio. Erano state liberate due signore cattoliche coi loro bimbi considerati «misti».

Ogni tanto giungevano al nostro accampamento nuovi ospiti. Degno di menzione il caso di una signora con un bimbo che, in procinto di raggiungere Spalato, erano stati fermati alla frontiera.

I primi giorni di novembre chiamarono in direzione i miei figli e due nostre compagne per declinare le loro generalità, poi furono rimandati nelle loro stanze. Non riuscivo a comprendere perché mi avessero dimenticata. Due giorni dopo, il Comandante partiva in macchina per Zagabria, conducendo con sé due signore. Questo fatto avvenne il mercoledì 5 novembre.

Venerdì 7 novembre, i miei due bimbi assieme a un gruppo di donne cattoliche, che non so per quale motivo si trovavano a Loborgrad da pochi giorni, furono liberati. Rimasi talmente sbalordita da non sapere se rallegrarmene o meno. In complesso però mi sentivo sollevata e speravo nella completa libertà anche per me.

I miei figli si recarono a piedi a Zagabria, portando il loro sacco sulle spalle. Le coperte rimasero al Comandante. Più tardi, ritornata a Trieste, seppi che i poverini dovettero girare un bel po' prima di mettersi a posto. Nessun ufficio voleva prenderli in consegna. Lo fece invece la Missione Italiana, alla quale erano stati indirizzati. Il generale Oxilia incaricò un brigadiere di accompagnare i bimbi al loro vecchio domicilio di Zagabria, occupato allora dal commissario Horvat e una sua amica. Naturalmente i miei figli non poterono alloggiare così e dovettero andare dalla nonna paterna.

Questa, che a sua volta era stata costretta ad abbandonare la propria dimora, viveva in una cameretta, una specie di cantina freddissima, che dava sul cortile. Possedeva, povera vecchia, un solo letto e un divano; sua figlia stava con lei. Per Bruno fu improvvisato un giaciglio per terra, le tre donne, a turno, si davano il cambio per riposare, a due alla volta, nel letto. I pranzi li consumavano da vari conoscenti a turni, la nonna preparava loro la cena.

Nada trovò da lavorare in privato presso una signorina che confezionava scatole, calendari e vari oggetti artistici e guadagnava da 80 a 120 Kune per settimana. Bruno purtroppo era disoccupato e gironzolava per la città. A soli 11 anni era affidato a sé stesso; la nonna non aveva tempo di occuparsi di lui. In quella stamberga essa doveva pensare a cucinare e a sbrigare tutte le faccende da sola.

Nel frattempo, i nonni materni a Trieste che tanto avevano dovuto faticare per liberare i bimbi dal campo (da notarsi che nel relativo ordine del Comando italiano ero compresa anch'io e anche mio marito), tentavano ora con ogni mezzo di averli a Trieste.

C'erano i documenti necessari all'ingresso nel Regno, ma i ragazzi non avevano quelli di uscita dalla Croazia, bisognava quindi tentare di ottenerli clandestinamente. Nada poté venire a Trieste a metà gennaio sotto scorta di un colonnello e di un capitano, i quali la facevano passare ogni tanto per moglie dell'uno o per figlia dell'altro. Al momento di varcare il confine, nella tradotta militare, l'avevano addirittura sepolta sotto un mucchio di mantelli. Loro stessi poterono poi dirmi quanto il viaggio fosse stato avventuroso e come avessero sospirato il momento di consegnare la ragazza ai nonni.

Ma il viaggio di Bruno fu più complicato. Egli partì alla metà di dicembre con un delegato sloveno della Croce Rossa. Giunsero a Lubiana nel periodo in cui a Trieste si stava svolgendo il famoso processo contro gli sloveni. Il delegato slavo fu fermato e gli tolsero il passaporto; Bruno fu affidato a Lubiana alla moglie di questi, una povera donna già abbastanza occupata coi suoi 4 maschi.

Intanto, da Zagabria, i nostri congiunti scrivevano ai miei genitori a Trieste: «Siamo lieti di sapere Bruno con voi, speriamo presto anche la Nada». Ma Bruno, allora, seguitava a calpestare il selciato di Lubiana e i nonni erano in pena per lui.

Si avvicinava il Natale e faceva molto freddo. Bruno, che aveva urgente bisogno di scarpe, pensò di recarsi dal direttore della fabbrica Union, principale di suo padre, perché lo aiutasse. Ebbe mille lire quale dono natalizio e lui acquistò subito un paio di buoni scarponi e un portafoglio di pelle rossa per la sorella, il rimanente lo spese forse in qualche leccornia.

Appena verso la seconda metà di gennaio Bruno poté venir «rimorchiato» da un conoscente, che lo condusse a Trieste su di un piccolo autocarro. Durante il suo soggiorno a Lubiana, Bruno ebbe la difterite. Egli credeva si trattasse di una cosa semplice, ma gli si indebolì la vista e accusava un impedimento alla gola. I medici, consultati poi a Trieste, dichiararono trattarsi di postumi di difterite, suggerirono la cura adatta e, in breve tempo, il ragazzo si rimise del tutto.

Nel frattempo, a Loborgrad, gli avvenimenti precipitavano. Le malattie erano in aumento. Anche la questione sanitaria era stata studiata. Si pensò di istituire un'ambulanza e un'infermeria. La medichessa Miliza Brand Kuhn era sempre con noi e accanto a lei, certa signora Steiner, pratica infermiera, prestava il suo valido aiuto. C'erano poi delle ragazzine che si ingegnavano a far infermiere. Eravamo state sottoposte all'iniezione contro il tifo. Credo che l'acqua del pozzo sia stata infetta. Si tentava ogni tanto di epurarla col getto di cloro, ma ciò serviva poco e il cibo aveva in quei giorni un gusto ben sgradevole. Ma, per i *Kulturbündler*, si andava a prendere l'acqua in una casa poco distante.

Subito dopo la partenza dei miei bimbi, cominciarono i primi spostamenti di stanze e ciò rappresentava un grave inconveniente, dato il freddo intenso di quel periodo tra il '41 e il '42. Le stanze non erano riscaldate però, data la grande affluenza di gente, le stesse erano meno gelide dei corridoi, dove, durante i continui spostamenti, le mie infelici compagne dovevano sostare a lungo, sedute sui loro fardelli. Di notte, la ronda passava ben tre volte ed eravamo costrette a tenere aperta una invetriata.

Come già detto, le impiegate della cancelleria, che avevano la stanza riscaldata, e quelle alle dipendenze personali dei *Kulturbündler*, le cinque panettiere, la dottoressa e l'aiutante Steiner, certa signora Vera, appena ventenne, che fungeva da direttrice e teneva le chiavi della dispensa, circa 25 persone complessivamente, oltre a usufruire di un pasto speciale, avevano anche la possibilità di procurarsi del cibo. Dato che lo facevano di soppiatto, venne loro l'idea di riunirsi tutte in una stanza. Ciò suscitò l'invidia delle compagne, che protestarono. Ma ciò non servì a nulla e gli spostamenti continuavano.

Anche nella nostra cucina c'erano dei guai. Le cuoche erano sempre le stesse; le donne adibite alla mondatura degli erbaggi non dovevano entrare in cucina: le cuoche, prive di controllo, ne traevano personale profitto ed era per loro una cosa facile togliere dall'ammasso dei viveri destinato a 1500 persone un piccolo quantitativo che rappresentava per loro un grande vantaggio, ma per noi, secondo il loro punto di vista, un danno insensibile. La comunità israelitica di Zagabria non era allora nella possibilità di inviarci viveri nella misura di prima e noi ne risentivamo non poco. Alla mattina il caffè non era zuccherato, i pezzetti di carne non comparivano più nei minestroni e questa pietanza era, di conseguenza, ben poco condita. Di sera, poi, il minestrone fu addirittura abolito. In sua vece comparve un po' di brodaglia, oppure caffè senza zucchero, o tè di tiglio...

Alla metà di novembre circa, un gruppo delle nostre compagne fu mandato in altro accampamento. Di notte, alla vigilia della partenza, furono private dei loro indumenti, per sottoporre gli stessi a rigorosa disinfezione. Non è certo difficile immaginare il freddo sofferto da quelle infelici durante tutta la notte, tanto più che la temperatura era quella di un inverno rigido. Grande era la nostra agitazione quando si vedeva apparire nelle stanze il Comandante.

Sapendo bene con che razza di gente si aveva a che fare, si temeva a ogni istante di andare a finire in un accampamento peggiore del nostro.

In questo periodo di ansie e dolori continui, la dottoressa riuscì a far trasportare all'ospedale di Zagabria gli ammalati più gravi.

Ricordo come, in una gelida giornata, l'autocarro aperto della comunità israelitica di Zagabria, dopo aver scaricato i soliti pacchi, ripartì col carico di tre ammalati gravi.

Alla dottoressa era pure riuscito di ottenere dalla Commissione il permesso di mandare a Zagabria 60 tra bimbi e adulti, quest'ultimi affetti da malattie croniche. Il giorno della partenza arrivò un solo autocarro, che servì al trasporto di soli 30 bimbi, due dei quali figli dell'assistente Steiner... Ciò sollevò naturalmente ampie proteste e scenate d'invidia. Da notarsi che l'altra metà dei bimbi rimase con noi.

Tra i piccoli viaggiatori c'era la piccina che avevo visto a Zbor nella baracca della Fiera Campionaria. In quello spazio di tempo suo padre era stato fucilato. La bimba portava al collo una tabelletta coi propri connotati, andava da conoscenti, mentre la madre e la nonna restavano ancora con noi. Non seppi, più tardi, nulla di loro.

Dalla partenza dei miei figli, e precisamente dal 7 novembre al 14 dicembre, io, priva di qualsiasi notizia sul loro conto, vivevo in ansie continue. Non sapevo spiegarmi il motivo del loro silenzio, perché i miei figli, conoscendo le tristi condizioni del campo, la mancanza assoluta di calzature e cibo, mi avevano promesso di spedire qualche pacco o per lo meno di darne ad altri l'incarico.

Mi rivolsi più volte al Comandante, il quale, a dire il vero, non mi respinse mai bruscamente, come di solito usava, ma mi tranquillizzò, dicendomi che i bimbi erano in ottime mani. Un giorno osservò perfino che i miei figli erano in mani italiane! Non avrebbe certo dovuto comunicarmi un tanto. Seppi poi che mio padre gli aveva spesso dato notizie dei bimbi, anche telegraficamente.

In quel periodo, senza l'aiuto di Nada, ebbi a soffrire molta fame. Mi aggiravo disperatamente per i corridoi, sempre alla ricerca di chi potesse offrirmi qualcosa. Raramente ottenni un po' di cibo. Ero debole dalla denutrizione e diminuita di 20 chili. Ora che non avevo più da occuparmi dei miei figli mi venivano a cercare per varie incombenze, spazzare la neve per esempio e questo lavoro pulito non mi riusciva certo spiacevole. Ben diverso era lo scarico del carbone, data la difficoltà di lavarsi poi.

Di mattina si doveva spezzare il ghiaccio nel catino, anche la fonte era gelata. In questo tristissimo periodo si manifestarono i primi casi di morte. Avevamo la stanza mortuaria e quando non c'era posto nella prigione si mandavano là le infelici incolpate di futili mancanze così che tenessero compagnia ai morti. I primi cadaveri venivano posti nelle casse di legno; quando i casi di morte aumentavano, si avvolgeva il defunto in una coperta e si seppelliva così.

Durante la nostra permanenza a Metaina, alcune delle mie compagne, dotate di vena poetica, scrivevano versi, altre improvvisavano canzonette su noti motivi, tristi o mordaci, secondo il caso. La nostra tragica e strana situazione le ispirava. Melita, una bimba di forse 7 anni, era dotata di una voce meravigliosa. La facevano cantare in ogni occasione; perfino i Comandanti la ascoltavano con piacere e la bimba riusciva a ottenere qualche leccornia per sé e il fratellino.

Per la festa di Hanukkah si organizzò una festicciuola. I bimbi eseguirono dei balletti, cantarono, recitarono versi di attualità improvvisati dalle nostre compagne e, quale ricompensa, ebbero qualche boccone migliore.

Per Natale le internate serbe pensarono loro pure di imbastire una specie di intrattenimento, addirittura uno spettacolo di varietà. L'affluenza di pubblico nella stanza ove si svolgeva era tale che uno dei tavolati adibiti a dormitorio e formante una specie di galleria, non resistette al peso della folla e crollò tra lo spavento generale. Si ebbero, per fortuna, pochi feriti, ma poteva succedere un massacro. Una delle donne ferite aveva due figli. Durante la degenza della madre all'infermeria, i ragazzi rubarono un po' di cibo per sfamarsi. Furono scoperti e messi agli arresti di sera, con un freddo rigido. I poverini erano poco coperti, ovunque si udivano le loro grida e i loro pianti.

Ne ebbi tanta pena che decisi di parlarne a una ragazza molto bella, la quale aveva un grande ascendente su certo Waldermar, fratello del Comandante. Quel giorno anzi sostituiva quest'ultimo. La lusingai in tutti i modi pregandola di intercedere presso costui a favore dei poveri ragazzi. Essa si lasciò persuadere e fu naturalmente accontentata.

L'antivigilia di Natale fu per me una giornata di grande emozione. Mi vennero a chiamare per dirmi di scendere subito nel cortile. Lì trovai certa signora Farchi, già mia compagna di campo dai tempi di Kruščica, vestita in tutto punto...: «Sembra mi mandino a casa...» disse. Da notarsi che i suoi genitori stavano a Trieste. Essa pensava che avrei seguito presto la sorte dei miei figli, ciocché sarei stata rimpatriata da un momento all'altro. Da tempo quindi mi aveva dato l'indirizzo dei suoi affinché loro potessero iniziare subito le pratiche per il suo rilascio dal campo. Invece le parti erano state invertite dal destino. Essa partiva, io rimanevo.

Ritornata nella mia stanza ebbi un'altra sorpresa. «Va' subito al numero 24» mi dissero e lì trovai la moglie di mio cugino e sua madre. Mi narrarono di essere state trasportate in quel momento da Bedekovčina, distante circa 20 minuti di macchina da Loborgrad, dove la figlia aveva stabile dimora, mentre la madre era ospite sua per le feste. Mi dissero che mio cugino, direttore della fabbrica di mattonelle, tubature, stufe ecc. a Bedekovčina, della quale, nel passato, suo padre era stato proprietario (ora la fabbrica era in mano ai tedeschi), aveva avuto, giorni prima, una vivace discussione di affari con un amico del nostro Comandante. Questi, per vendetta, era venuto a prenderli in quella mattina per portarli tutti in macchina nel nostro accampamento. Mio cugino, per combinazione, si trovava a Zagabria, così egli dovette accontentarsi di portar via le donne soltanto. Mi dissero che al momento del loro arresto, mia figlia si trovava nella loro casa poiché l'avevano invitata per le feste di Natale. «Immagina,» soggiunse «la ragazza si trova ora nel mio appartamento, con lei c'è soltanto mio figlio Paolo» e questi era un ragazzo di appena 12 anni. Chieste notizie di Bruno seppi che era partito da Zagabria da una decina di giorni, ma che a Trieste non era ancora arrivato. E dire che da giorni io li pensavo sani e salvi dai nonni!

L'indomani mattina capitò al campo mio cugino. Nada si era affrettata ad avvertirlo telefonicamente dell'avvenuto e lui si era recato da un avvocato per consigliarsi sul da fare. Perché battezzato da anni e perché alle dipendenze dei tedeschi, egli si credeva sicuro e contava anche sul pronto rilascio delle sue donne. Se ne ritornò quindi a casa da Nada e dal figlio. Ma, nel cuor della notte, il nostro ottimo Comandante, Carlo Heger, venne a prenderlo. L'appartamento fu sigillato, mia figlia abbandonata in strada col cuginetto. Era una gelida notte di neve. I bimbi si rifugiarono da conoscenti.

Mio cugino, poveretto, pensava che quella faccenda sarebbe stata risolta in pochi giorni e che lui e i suoi avrebbero potuto far ritorno alla loro dimora. Rimasero invece a Loborgrad fino all'estate avanzata, poi li trasportarono in Polonia; a tutt'oggi, febbraio 1944, nulla seppi di loro. Mi è noto soltanto che il figlio si trova da conoscenti in Croazia.

L'autocarro della comunità israelitica portava a Loborgrad anche indumenti destinati alle internate più bisognose. Non c'era, purtroppo, senso di equità nella distribuzione. Le signore della Cancelleria, sempre presenti all'arrivo dei pacchi, si affrettavano a scegliere per sé il meglio. Poi era la volta delle serbe, alle quali non si mancava mai di dare qualche cosa di utile. Così, le più bisognose restavano a bocca asciutta. Era possibile ricevere piccoli importi di denaro, ce li distribuiva il Comandante in giornate prefisse. Eravamo riunite un'ora prima e si attendeva tutto questo tempo, in fila, nei gelidi corridoi.

Durante una di queste distribuzioni il Comandante udì che una delle nostre compagne veniva chiamata col titolo di «dottore». «Dottore in che?» chiese. «In legge? Qual è la vostra occupazione?» Lei rispose: «Portatrice di sterco». «Che lavoro preferite?» interrogò ancora, con tono ironico. «Lavoro è lavoro, signor Comandante» fu la pronta risposta.

L'attesa per la distribuzione dei pacchi viveri non era più breve. Spesso bisognava trascorrere due ore al buio perfetto nel freddo corridoio. Rare le candele, il carburante mancava ogni tanto. Al momento della consegna c'era tale fermento tra quelli che aspettavano e tra i *Kulturbündler* che mantenevano l'ordine, da arrivare spesso a scene disgustose. Un giorno un *Kulturbündler*, incollerito, tirò a casaccio un colpo di rivoltella che causò a una ragazza una ferita al capo. Essa dovette venire trasportata all'infermeria.

Ricordo che un dato giorno il Comandante, passando per il corridoio, ove erano ammucchiati sacchi di farina destinati al nostro pane, si avvide che uno di questi era perforato e alquanto floscio. Fece una perquisizione in tutte le stanze. Nel camerone delle serbe si rinvenne un po' di quella farina mancante. Da notarsi che questa stanza era situata a settentrione, sotto il tetto, quindi gelida, ma c'era una stufa di ferro, installata per cura della comunità israelitica. Non era permesso usufruire della stessa per cuocere qualsiasi cosa, però ci riuscivano a farlo talvolta. La farina asportata doveva servire per delle focacce. La colpevole fu subito chiamata in Direzione: «Sai tu,» disse il Comandante «che i ladri vengono puniti con la fucilazione?». «Benissimo, signor Comandante. Ma cosa meritano allora quelli che hanno incendiato la mia casa, ucciso mio marito, rubato il mio bestiame?» «Allontanati tosto,» le impose il Comandante «e guarda bene che la cosa non abbia a ripetersi.»

Un altro giorno il Comandante venne a sapere che erano state spedite delle cartoline senza passare il controllo, cosa proibitissima. Chiamò molte di noi in Direzione per dichiararci in arresto. Mi trovavo tra loro e protestai subito, perché innocente; aggiunsi che avrei diviso la sorte delle mie compagne per pura solidarietà ma che assolutamente non ero colpevole. Mi impose il silenzio. Più lui voleva farmi tacere, più io protestavo. I *Kulturbündler* erano presenti, prevedendo il peggio, tentavano di calmarmi, ma mi era impossibile stare zitta. Il senso della verità e della giustizia era più forte di quello della paura. Dissi con tale fermezza: «Io non ho mai mentito né mai mentirò» che il Comandante, oltremodo adirato, si prese la briga di scovar fuori la famosa cartolina, per mettermela sotto gli occhi. Ne trovò infatti una, ma non scritta da me. Vi si parlava dei miei genitori, come signori Eppinger, ma io non c'entravo. Il nome l'aveva fatto trarre in inganno. Felice di tale trionfo, volevo prendermi la rivincita, e riuscì in parte, dicendo: «Vede, signor Comandante, così ci vien sempre usata ingiustizia». Il resto me lo rimangiai, perché i *Kulturbündler*, temendo che la cosa andasse a finir male, si affrettarono a spingermi in disparte con le parole: «Se ne vada nella sua stanza».

Mio cugino, precedentemente nominato, ebbe la ventura di vedere giungere a Loborgrad pezzi di mobilio di sua proprietà, e fu nella dispensa dei *Kulturbündler* che andarono a finire molte delle succulenti provviste preparate con grande competenza da sua moglie per il periodo invernale. Anche il loro maiale fu ammazzato dai *Kulturbündler*. Noi si ebbe un pezzetto di questa carne per il giorno di Natale.

Frattanto i casi di tifo erano in continuo aumento. In antecedenza avevamo una sola stanza adibita ad infermeria, ora ce n'erano tre. La notte di San Silvestro, una delle ammalate diede alla luce una bimba. Eravamo tutte molto commosse e si faceva del nostro meglio per renderci utili. La dottoressa si disperava per la mancanza di infermiere, di mezzi di disinfezione e di riscaldamento soprattutto. La puerpera aveva la febbre a 40. Con l'aiuto di bottiglie calde, col fiato perfino, noi, a turno, si tentava di mantenere in vita quell'esserino malconcio.

A rifletterci bene, sarebbe stato più logico e, diciamolo pure, più umano, lasciarlo al suo destino. Quale, Dio buono, avrebbe potuto essere la sua esistenza? Pochi giorni dopo, la bimba morì, la madre invece fu salva, ma oggi, probabilmente, non sarà tra i viventi nemmeno essa.

Ricordo un'ammalata di tifo, che in un forte assalto di delirio, si gettò dalla finestra di un primo piano e andò a cadere sulla neve alta. Data l'oscurità, non fu possibile trovarla subito. Quando la riportarono all'infermeria, bisognò praticarle la respirazione artificiale. Essa morì pochi giorni dopo. La malattia si propagava specialmente tra le ragazze giovani.

Nel mese di dicembre, non so per quale motivo, il Comandante aveva impartito l'ordine di tenere notte e giorno chiuso il portone. Per ben 5 settimane rimanemmo rinchiuse.

Un giorno di gennaio invece, subito dopo colazione, intimarono a tutte noi di abbandonare le stanze e di uscire all'aperto. Soltanto le compagne febbricitanti potevano rimanere a casa. Era, lo rammento, una bellissima giornata invernale. Ma, alle 13, ad onta di un sole splendente, il termometro segnava qualche grado sotto zero. Dopo tante settimane di reclusione si passò allegramente la prima ora. Man mano che il sole declinava il freddo si faceva sempre più intenso. I bimbi cominciarono a piangere, ma il portone non si riapriva. Io e qualche mia compagna più calma ci affrettammo a organizzare dei giuochi, delle corse, un po' di tutto insomma per rianimare i poveri piccini e riscaldarli un po'. Le impiegate della cancelleria, ben riparate nella stanza calda, si mossero a pietà e ci gettarono delle coperte, tanto più che con noi c'erano delle donne anziane che non si reggevano in piedi. Alle 17 fu fatto rientrare il primo gruppo di donne e bimbi, poi gli altri. Si gettava su loro un liquido disinfettante; le stanze avevano subito nel frattempo una radicale disinfezione. Io e la mia amica facevamo parte dell'ultimo gruppo: rientrammo solo alle 19. Tramortite dal freddo ci ripromettemmo di non lagnarci più di star rinchiuse. Noi due, anche nei momenti peggiori, si trovava sempre un argomento interessante per non lasciarci abbattere. Di notte perfino, avvolte nelle nostre coperte, ci si stringeva l'una all'altra per soffrire meno il freddo. Ci narravamo avventure vissute, si commentavano i libri letti in comune, di tutto si parlava all'infuori dei fatti attuali. Le compagne che ci sentivano bisbigliare pensavano si facesse della maldicenza e ci chiamavano le «superdonne». Mi erano però tutte affezionate, dicevano che non peccavo di parzialità e che si sentivano più sicure vicino a una persona calma e ottimista.

13 febbraio 1942

Data fatidica, indimenticabile!

Di mattina, verso le 9, il solito *Kulturbündler* che faceva la ronda, accennando col dito, mi ordinò di vuotare e lavare per bene la stanza attigua alla nostra, dovendo trasformare questa in infermeria. Ero stanca, perché durante l'intera settimana avevo spazzato la neve. Però lavorai lo stesso tutta la mattinata ed aiutai anche a trasportare ammalati. Mentre salivo le scale, trascinando a malapena un secchio d'acqua molto pesante, un *Kulturbündler*, avvedutosene, ordinò a una mia compagna, che passava da quella parte, di aiutarmi. Intanto scendevano le scale due uomini portando la solita barella dei morti. Sapevo che la figlia di questa signora era gravemente ammalata di tifo, perciò non osai chiedere chi fosse il morto. Lo fece lei, in mia vece, e, sventuratamente, si trattava proprio della sua figliola. Dovetti trascinare l'infelice verso un'amica pietosa e riprendere subito il lavoro interrotto per risparmiarmi gravi rimproveri, tanto più che in quella stessa mattinata, quando il *Kulturbündler* era venuto a prendermi, avevo protestato con le parole: «Perché scegliete proprio me, sempre?». E lui, puntando verso me il dito, aveva risposto in tono profetico: «Perché lei ha messo a fuoco l'Europa». Mi misi a ridere esclamando «Io!!!» e lui rispose: «Sì, proprio lei!».

Speravo di venir sostituita nel pomeriggio da qualche compagna più giovane, ma non fu il caso. Quel giorno ce l'avevano proprio con me! Appena ingoiata quel po' di minestra vennero a cercarmi di nuovo e dovetti riprendere il faticoso lavoro fino all'imbrunire.

Prima di lasciare la stanza ove lavoravo, il Comandante lì presso ordinò al *Kulturbündler* addetto alla disinfezione di innaffiarmi per bene, capelli compresi, con l'apposito apparecchio di disinfezione. Al momento non seppi spiegarmi il perché di tale precauzione.

Nella mia stanza mi attendeva una grande sorpresa. Immaginando che sarei ritornata stanchissima, le mie compagne erano riuscite a scovar fuori una tazza di latte che bevetti avidamente. Poi mi sdraiai sul giaciglio; erano le ore 18. Mi addormentai subito di un sonno pesante. Alle 21, semidesta, udii distintamente le parole: «Svegliati, svegliati, ne vale la pena!». Desta del tutto vidi davanti a me una impiegata della cancelleria, che mi raccomandò di trovarmi pronta per le 4 del mattino, perché si trattava di abbandonare Loborgrad. Mi alzai all'istante. Intanto la notizia si era diffusa dappertutto.

Le mie compagne mi circondavano, facendomi, con la massima prudenza, ogni sorta di raccomandazione. Mi davano nomi e indirizzi scongiurandomi di non dimenticarle e di fare il possibile per venire loro in aiuto. Riunii le mie poche robe e lasciai alle mie compagne il catino, il sapone e qualche indumento che avrebbe potuto essere utile a chi rimaneva ancora al campo.

Scesi alle 4 precise. Il fratello del Comandante e un suo compagno mi attendevano con la macchina. Si raggiunse la stazione di Zlatar e da lì presi il treno per Zagabria.

Indescrivibile la mia gioia, mi sembrava di non essere più io, di vivere in un altro mondo! Il mio compagno, appena scesi a Zagabria, si affrettò di condurmi in questura per «delle formalità» secondo lui, e... mi lasciò colà. Mi ordinarono di levar dal sacco lo spazzolino da denti e gli oggetti che più potevano occorrermi. Chiedevo a tutti, con ansia, il perché di tali preparativi, ma nessuno mi degnò di una risposta.

Fui accompagnata in una cella. La porta si rinchiuse alle mie spalle, la chiave girò nella toppa e... lo spavento si impossessò di me. Perché questo? Abituato l'occhio al semichiarore della cella, non tardai ad accorgermi che le finestre piccole e molto alte davano su un cortile e che non mi trovavo sola in quell'ambiente. Su di una panchina, di fronte alla porta, sedeva una donna circondata da tre o quattro bimbi, tutti piccini, che piangevano dalla fame. Un'altra, di aspetto abbastanza confortante, passeggiava su e giù e aveva con sé una bimba di forse 9 anni. Infine scorsi una giovinetta di circa 16 anni ed un'altra ragazza matura, tipi equivoci quanto mai. Faceva molto caldo, una temperatura insopportabile per chi veniva da regioni gelide e non era più abituato al termosifone. L'aria era quanto mai soffocante, tanto più che dietro la porta si trovava il gabinetto.

Indescrivibile lo stato dell'animo mio!

Suonavano le campane della cattedrale e quel suono a me tanto noto mi fece piangere dirottamente. L'incertezza della mia situazione mi rendeva triste, sconsolata e avevo tanta fame e mi sentivo tanto stanca! Dopo qualche ora rilasciarono la donna e i bambini.

Nel corso di quella emozionante mattinata un secondino venne a dirmi che, dopo aver preso un bagno, sarei stata trasferita in altra cella. Ma l'idea del bagno non poteva infondermi coraggio e, tanto meno, quella della cella. Pensavo con intensa disperazione che il mio soggiorno colà avrebbe potuto prolungarsi fino a epoca indeterminata, che non avevo denaro per corrompere i miei carcerieri, ottenere un po' di cibo e far sapere ai miei cari la mia infelice situazione.

Purtroppo si era di sabato e all'indomani, giorno festivo, non potevano subentrare cambiamenti. Bisognava per forza armarsi di pazienza e aspettare il lunedì.

Alle tre del pomeriggio mi portarono l'unico pasto della giornata e precisamente una scodella di minestrone e un pezzo di pane. Il mio stomaco, debole dal lungo digiuno, poté accettare soltanto la metà del cibo, il rimanente lo posi sul termosifone, per la cena. Ma, quasi per miracolo, senza che me ne avvedessi, tutto ciò che mi apparteneva spariva sotto ai miei occhi. Così non trovai più il residuo di minestra e del pane, il sapone, la pasta dentifricia e un fazzoletto rosso che adoperavo per ripararmi la testa dal freddo.

Questo succedersi di avversità mi mise in uno stato d'animo angoscioso e scoppiai in un pianto disperato.

La ragazza matura, impietosita, intimò alla giovane di restituirmi subito il fazzoletto, per quanto questa giurasse e spergiurasse di non averlo veduto. Però il fazzoletto ricomparve quasi subito, non so spiegarmi in che modo. Riguardo al cibo e al rimanente dovetti rassegnarmi.

La notte la trascorsi per terra, sulle mattonelle, senza coperte e senza cuscini, il braccio mi serviva da guanciale.

Nella cella c'erano insetti di ogni specie. Cimici, pidocchi e piccoli scarafaggi rossastri.

Nel pomeriggio del giorno seguente, domenica, un'ospite nuova fece la sua comparsa. Era questa una ragazza giovane e molto elegante. Pianse e si lamentò in modo tale da far capire chi fosse. Fu liberata dopo poche ore. Il lunedì mattina anche la donna e la bimba lasciarono la cella. Io fui accompagnata all'ultimo piano dove presero le mie impronte digitali. Poi mi fotografarono in molte pose da ogni lato, con un numero sulla spalla. Ero talmente avvilita che singhiozzavo di continuo, certo non ho mai pianto tanto in vita mia.

Mi ricondussero nella cella. Passai una notte angosciosa, indimenticabile. La mattina del martedì un secondino mi disse che sarei stata liberata in poco tempo. Difatti fui condotta alla cancelleria, dove firmai non so che documento, poi, accompagnata da un questurino, mi mandarono all'ufficio del Comm. Verdiani. Il questurino aveva l'indirizzo esatto di questo ufficio, ma non si poté rintracciarlo subito per la mancanza della targhetta indicatrice. Dopo altra ricerca, mi accorsi che al secondo piano dello stabile, il nome del commendatore figurava su di un piccolo biglietto da visita. Ma il Comm. Verdiani non si trovava nel suo studio, c'era invece il sostituto che mi ricevette come una figlia. Mi abbracciò raccomandandomi la calma e mi fece bere del vermut. Vari mesi dopo mi parlò della triste impressione riportata. Disse che nella donna malconcia e disperata che gli stava innanzi, non aveva potuto quasi individuare la signora di un tempo.

E dire che a Loborgrad, quegli stessi indumenti venivano invidiati dalle mie compagne e più di una di loro ricorreva al mio tanto modesto guardaroba.

Il questurino volle dal commendatore la conferma in iscritto della mia consegna, poi, grazie al Cielo, scomparve per sempre ai miei occhi.

Nel frattempo, il commendatore si era affrettato a mettersi in comunicazione telefonica con la Missione Italiana e col Console Generale. Tutti furono d'accordo di farmi entrare in Italia al più presto e ad alloggiarmi soltanto presso italiani. Dallo stesso commendatore fui accompagnata alla Missione. Il generale Oxilia era in licenza, ma il suo aiutante, un capitano, aveva ordini precisi riguardo la mia persona. Mi fece subito vedere una lettera di mia figlia indirizzata al generale, mi chiese se volevo salutare un amico e mi mise in comunicazione telefonica col dott. W., il quale occupava allora l'appartamento di mia sorella. Questi si affrettò a offrirmi ospitalità e mi recai da lui sotto scorta del brigadiere di servizio.

È facile immaginare che feci, anzitutto, un bagno ristoratore. Mi sembrava sempre di sognare! Dopo tanti, tanti disagi, un appartamento elegante e pulizia scrupolosa in ogni angolo. Chiamai la parrucchiera per mettermi a posto testa e mani. Per vera combinazione ero rimasta immune dai pidocchi.

Quella notte non potei chiudere occhio causa il letto soffice. Ero abituata a dormire sul pavimento, così, dopo essermi girata e rigirata inutilmente, dovetti ritornare alla terra. Così il sonno benefico non tardò a raggiungermi.

L'indomani mattina, mercoledì, accompagnata dal dottor Wildauer, mi recai dal commendatore per apporre la firma al foglio di via che doveva scortarmi in patria.

Questo foglio doveva rimanere nelle mani del brigadiere che mi avrebbe accompagnata. La mia partenza era fissata per lo stesso giorno o per l'indomani.

Partii il giorno seguente, giovedì 19 febbraio 1942, alle 18, col brigadiere. La macchina che venne a prenderci portava la bandiera italiana ed era guidata da un milite italiano. Non pochi i curiosi che assistevano alla mia partenza e più numerosi ancora i commenti che l'accompagnavano, tanto più che in una seconda macchina aveva preso posto il dottor Wildauer col mio bagaglio. Ringalluzzita da tanto onore mi calcolavo già in porto. Salii insieme al brigadiere, sul treno che ci condusse a Karlovac.

Appena scesi a Karlovac, l'ufficiale di servizio del Comando italiano di Stazione, fece delle domande al brigadiere, il quale si limitò a delle brevi risposte senza perdersi in spiegazioni. Gli era stata precedentemente raccomandata la massima prudenza. Voleva, invece, uscire con me dalla stazione; ci volevano ancora molte ore per la partenza del treno. Nel frattempo si avvicinarono agenti croati e chiesero i miei documenti. Volevano anche visitare il mio bagaglio, non più tanto povero dopo i vari indumenti raccolti nell'appartamento di mia sorella. La donna si trovava vicina all'ufficio della questura ed era proprio in questura che intendevano portarmi.

Il brigadiere capì subito la situazione e, passando davanti al Comando italiano, gridò all'ufficiale di guardia, sempre all'erta: «Apri». Così potei entrare al Comando italiano.

Il brigadiere, pallidissimo, mi diceva continuamente: «Lei non comprende ciò che è successo». Egli si mise subito in comunicazione con la Missione italiana a Zagabria, che, a sua volta, telefonò al Console. Dopo un'ora giunse l'ordine: «Partire a ogni costo».

A mezzanotte partiva una tradotta militare; decisero di farmi prendere questa. Purtroppo non si fece a tempo di spiegare quanto mi concerneva al capitano di servizio. Perciò il brigadiere mi nascose in un gabinetto del treno in partenza, riservandosi di spiegare al capitano, durante il percorso, il mio caso speciale. Per sfortuna, il capitano ispezionò il treno prima della partenza, mi scoprì e non volle ascoltare le spiegazioni del mio accompagnatore. Fui costretta a scendere.

Alle 4 del mattino partiva il treno regolare. Il brigadiere mi consigliò di non curarmi del bagaglio, nelle mani degli Ustascia, e di partire immediatamente.

Pochi istanti prima della partenza del treno, alcuni Ustascia e vari agenti in borghese vi salirono, dichiarando fermamente quanto bruscamente che il treno non sarebbe partito prima che io ne fossi discesa. Non si trattava di un'italiana, secondo loro, ma solamente di un'ebrea che l'Italia voleva salvare.

Scesi subito, aggrappata al braccio del brigadiere. Un questurino croato tentò, per di dietro, di strapparmi a lui. Urlai come una belva: «Italiani, a me!». Il brigadiere tenne duro e impugnò la rivoltella, gli ufficiali italiani accorsero alle mie grida e mi trassero nella stanza del Comando, ove caddi su di una seggiola, più morta che viva. Subito dopo comparve un omone, il quale, con modi villani, pretese il mio arresto. Ma egli indossava divisa jugoslava; per conseguenza non aveva diritto a penetrare in quell'ambiente. Dovette allontanarsi al più presto. Il brigadiere e l'ufficiale di servizio stesero subito un rapporto. Intanto i soldati italiani che si trovavano nella stazione, venivano a riferire al capitano i fatti che si svolgevano al di fuori. Avvertirono che la stazione era stata circondata per impedire la mia fuga.

Rimasi colà tremante e senza cibo per non so quante ore. Dopo l'agitazione e il freddo sofferto avrei desiderato ardentemente una bibita calda, ma nessuno poteva venirmi in aiuto, perché non era permesso comperare nulla. Alle 8 di mattina comparve il Comandante italiano della stazione; il quale, avuto sentore degli avvenimenti, andò su tutte le furie per non essere stato svegliato quella notte. Diceva che ciò era un'offesa per il Console Generale e ne pretendeva ampia soddisfazione. «Signora, lei partirà, tranquilla» disse. Chiamò il suo tenente dei carabinieri e gli ordinò di telefonare a Zagabria per il controllo del documento. Protestò vivamente per gli avvenimenti della notte, osservando che gli Ustascia non avevano alcun diritto di trattenermi. Poi chiese ed ottenne l'immediata restituzione del mio bagaglio.

A mezzogiorno tutti andarono a pranzo, io rimasi lì, in attesa degli eventi. Finalmente udii pronunciare il mio nome e scorsi vicino a me un ufficiale sconosciuto. Mi rispose di essere un colonnello, marito di un'amica di mia sorella. Ne fui tanto lieta da abbracciarlo al pari di una persona cara. A lui, da poco reduce da Trieste, erano note le mie sciagure, quel giorno poi alla mensa, appresi gli avvenimenti della notte, aveva avuto subito il presentimento che si trattasse di me e senza fare ulteriori indagini era corso a cercarmi assieme a un amico, un capitano. Decisero che sarei partita di notte in loro compagnia, con la tradotta militare.

Intanto comparve un ufficiale croato per assicurare che si trattasse di un malinteso e che la signora era libera di prendere il treno delle 15.30, al che il colonnello osservò che sarei partita quando e come voleva lui.

Presi finalmente un po' di cibo e, quando Dio volle, scese la notte.

Gli Ustascia ispiravano agli italiani tale fiducia che, per attraversare la pensilina, c'era il capitano che precedeva, poi il colonnello che mi teneva sottobraccio, infine il brigadiere e due carabinieri di scorta.

Arrivai sana e salva a Trieste, patria cara, tanto sospirata e strinsi commossa al cuore i miei cari vecchietti e i miei bimbi.

Dovrei e vorrei scrivere ora la parola fine, ma non è questo, purtroppo, il momento.

Al Signore clemente, che mi liberò da tanti spaventosi pericoli, posso soltanto innalzare la fervida preghiera di stendere su di me, anche nell'incerto avvenire, la sua mano pietosa e potente.

Delle mie compagne rimaste a Loborgrad, qualche singola fu in seguito liberata, le altre rimasero colà fino al principio di agosto, assieme ad altri ebrei che furono trasportati da Zagabria. Tra questi figurano mia suocera e mia cognata. La loro sorte non mi è nota, varie sono le notizie sul loro conto. Chi li pensa avvelenati col gas dentro i vagoni, altri invece dicono che sono stati trasportati in Polonia e lì soppressi.

La Storia ce ne darà conto, un giorno.

Febbraio 1944

di Maria Eppinger ved. Bruckner

La mia famiglia e la Storia
Parte II

La seconda parte del diario si apre con la seconda, e definitiva, separazione tra Carlo e il resto della famiglia. Carlo non sopravvisse alla deportazione, non tornò mai più a casa: una ferita ancora aperta nel momento in cui il diario fu scritto, nel febbraio del 1944. Medea e i suoi figli, in ogni caso, riuscirono a ottenere il certificato di morte di Carlo, e questo permise a Bruno di ricevere la cittadinanza italiana, che Medea aveva riacquisito proprio a causa della morte del marito. Nada, già maggiorenne all'epoca, divenne invece prima apolide e poi optò per la cittadinanza italiana.

Dopo Jasenovac, Medea, Nada e Bruno, divisi per sempre da Carlo, sono costretti a rimettersi in viaggio e arrivano a Brod. Questa località, che oggi si trova sotto il controllo della Bosnia-Erzegovina, all'epoca faceva parte dello Stato indipendente di Croazia (NDH) di Ante Pavelić. Ma quale era il motivo di tanti spostamenti? Difficile trovare una risposta unitaria, ma ci sono diversi elementi che possono far comprendere il perché di questi trasferimenti continui. Innanzitutto, l'organizzazione ustascia non era paragonabile a quella tedesca: dunque, non deve sorprendere che la macchina del terrore del regime croato fosse meno efficiente di quella nazista. Molti campi, inoltre, venivano chiusi poco dopo essere aperti, il che costringeva gli Ustascia a spostare i prigionieri. I motivi di queste chiusure erano molteplici. Un ruolo lo ebbero le autorità italiane, che ne chiusero diversi dopo aver notato un aumento della resistenza nelle aree che più erano colpite dalle leggi razziali. Un altro fattore era quello medico: le terribili condizioni igieniche presenti nei campi portavano allo svilupparsi di focolai di malattie trasmissibili. Importante anche il fattore temporale: gli Ustascia dovettero organizzare i propri campi in poco tempo, mentre i tedeschi ne avevano alcuni operativi da anni, come Dachau, attivo dal 1933.

Medea sottolinea con preoccupazione l'assenza di soldati italiani e la presenza invece di quelli tedeschi: come abbiamo visto, riponeva la sua fiducia nella milizia italiana.

«L'estate stava volgendo al termine» scrive Medea. Un dettaglio non da poco: i prigionieri avevano avuto diritto a portarsi ben pochi vestiti ed essendo partiti in luglio avevano con sé presumibilmente solo indumenti estivi. Arrivati a questa data, era il 28 agosto, la stagione calda era sul punto di finire, ma il ritorno a casa sembrava ancora un miraggio.

Medea, Nada e Bruno ripartono nuovamente e arrivano a Kruščica, in Bosnia, altro luogo che è stato in seguito riconosciuto ufficialmente come campo di concentramento. Questo campo rimase operativo per un solo mese, dall'agosto al settembre del 1941. La quantità di spostamenti, di adattamenti necessari a nuovi luoghi invariabilmente squallidi, ostili e pericolosi, è un altro fattore di enorme sofferenza psicologica. Oltre a vivere nelle privazioni, i prigionieri non avevano nemmeno il tempo necessario per «abituarsi» ai diversi inferni a cui erano destinati.

Medea fa un paragone tra il campo di Kruščica e quello di Slano, sottolineando come nella nuova destinazione il cibo scarseggi. Non c'era infatti una gestione centralizzata dei campi, le condizioni variavano anche sensibilmente secondo le persone e le situazioni; anche perché molti di essi venivano costruiti man mano, anche sfruttando il lavoro dei prigionieri.

Sempre in queste righe, c'è uno degli aneddoti forse più toccanti del diario, ovvero la disperazione di Medea causata dal «furto» di qualche mela da parte dei propri figli. Uno spaccato di racconto in cui con enorme semplicità viene descritta la difficoltà di vivere in condizioni così misere, che costringono la famiglia a un gesto che nella loro dimensione borghese è considerato impensabile. Anche se è la stessa Medea a riconoscere, nella sorpresa di Bruno e Nada alla sua reazione, la naturalezza del gesto, considerate le circostanze.

Medea sottolinea che, a discapito delle speranze dei prigionieri, ogni segnale indicava un peggioramento della situazione. Non solo non venivano liberati, ma aumentavano: ne arrivavano anche di nuovi, man mano catturati a Sarajevo, oltre a quelli già incontrati nei campi precedenti. La persecuzione si inaspriva sempre di più, non solo in Jugoslavia. Non sono certo solo ebrei gli internati e infatti Medea specifica spesso quando una persona è ebrea, per esempio nella frase «per iniziativa di una giovane medichessa ebrea si istituì un'ambulanza». Nei campi di concentramento erano deportati anche e soprattutto serbi, anche non ebrei. Tanto che Medea stessa parla degli autocarri, saccheggiati dagli Ustascia, inviati da Sarajevo sia dalla comunità ebraica sia da quella serba.

Da notare che quando parla di Capodanno, Medea si riferisce a quello ebraico, che nel 1941 cadde il 21 settembre. Infatti, per quanto la famiglia non fosse praticante, di certo il suo calendario era scandito dalle festività più tradizionali quali Pesach, Rosh Hashanah (appunto il Capodanno ebraico) e Yom Kippur.

A questo punto vengono date a Medea le Kune, in cambio dei dinari consegnati agli Ustascia nel momento del passaggio da una valuta all'altra. La NDH passò alle Kune per staccarsi dalla valuta jugoslava. La nuova moneta croata era legata alle sorti del marco tedesco, dunque ancora stabile nel 1941. Medea sottolinea come il cambio imposto dagli Ustascia non fosse stato equo, fatto che non sorprende, e soprattutto fa capire che ormai anche i prigionieri che erano riusciti a portare con sé e a tenere del denaro lo avevano finito. Come abbiamo visto, è anche tramite i piccoli acquisti che i prigionieri riescono a sopravvivere e dunque, in questo momento, il loro destino si fa ancora più tetro. Emerge, sempre in queste righe, come anche il comportamento degli Ustascia fosse ambiguo e non unitario. Lo si evince perfettamente proprio dal fatto che i prigionieri godevano addirittura di un «servizio di cambio» pur non potendo in teoria possedere denaro. A distanza di due paragrafi Medea parla prima di un Ustascia che addirittura vendeva merce ai prigionieri e poi di uno che arrestò un ragazzo solo per aver chiesto di cambiare delle Kune. Anche la fortuna, quella di incontrare il soldato meglio o peggio predisposto, giocava un ruolo importante. In passaggi come questo risulta evidente che, nonostante il regime ustascia avesse poco da invidiare alla Germania in termini di crudeltà, era molto meno efficiente in termini di organizzazione. Essendo andati al potere in maniera frettolosa, per circostanze legate al conflitto, gli Ustascia non erano stati in grado di impartire un addestramento preciso ai propri soldati, come fatto invece da tedeschi e italiani.

Medea parla di una liberazione, che era stata comunicata già a Metaina, ma che si è materializzata solo dopo due mesi. Si tratta però di una forma di speranza: una persona era riuscita a ottenere la propria liberazione. E, anche se con grande ritardo, gli Ustascia avevano mantenuto la parola data. In generale, a eccezione di situazioni come questa, ci si poteva salvare solo tramite la fuga: corrompendo delle guardie oppure passando per i punti meno protetti dei campi.

Arriva una svolta importante: escono di scena gli Ustascia e compaiono i *Volksdeutschen*, che Medea chiama *Kulturbündler*. Secondo la terminologia della Germania nazista, erano persone, in questo caso soldati, di lingua e origine tedesca, ma senza la cittadinanza. Da questo momento, come sottolineato da Medea, si parla solo tedesco con le guardie.

Medea, Bruno e Nada partono per Zlatar, da cui arrivano a Loborgrad, un castello in seguito riconosciuto come campo di concentramento. Non bisogna, infatti, pensare che tutti i campi di concentramento fossero di grandi dimensioni, alcuni potevano avere anche solo 150 internati. Medea precisa che il castello (chiamato così anche se si trattava di un palazzo abbandonato appartenuto alla famiglia Keglevich) era stato affittato dalla comunità israelitica, ma i nuovi padroni del Paese lo avevano evidentemente destinato a un uso ben diverso.

Nella nuova organizzazione, di stampo tedesco, vengono affidati ruoli diversi ai prigionieri e le regole diventano evidentemente più rigide: rispetto agli Ustascia, i tedeschi sono inflessibili e crudeli, ma più prevedibili.

Arriva inevitabilmente il tifo, dovuto ai fossati che servivano da latrine. Non bisogna dimenticare che molti, nei campi di concentramento, morirono di sfinimento, denutrizione e appunto malattie, anche a causa delle terribili condizioni igieniche. Appare invece come un segno di «umanità» l'autorizzazione a consegnare o spedire pacchi ai prigionieri, ma bisogna considerare il pragmatismo degli oppressori: questa «concessione» riduceva per loro l'impegno di approvvigionamento, e soprattutto, come accade nel corso di tutta la prigionia di Medea, le guardie potevano anche rubare qualcosa da queste provviste. Ci sono anche i «controllori», inviati dallo stato centrale per verificare le condizioni e i progressi del campo: le guardie si impegnano a presentare se stesse e la struttura che gestiscono nel miglior modo possibile.

I genitori di Medea, a Trieste, sapevano della prigionia sua e dei bambini e fin dall'inizio provarono a usare i propri contatti per far ottenere loro la libertà. È così che arriva il momento della liberazione di Nada e Bruno: grazie all'intermediazione del loro nonno materno Raffaele, la rete di contatti di cui abbiamo parlato gli permette, non senza fatica, di far liberare i suoi nipoti, ma per il momento non Medea, anche se ovviamente lo aveva chiesto. La liberazione, però, significa che i ragazzi si trovano del tutto abbandonati e che devono ora recarsi da soli a Zagabria. Raccontando questo passaggio del diario, Medea deve essersi confusa. Mio nonno mi ha infatti detto che non si recarono a Zagabria a piedi, come narrato nel diario, ma in treno. Un viaggio che Bruno ricorda molto bene: il vagone di terza classe gelido, la nostalgia e la preoccupazione per la mamma rimasta nel campo, l'angoscia legata al futuro. Dove sarebbero andati ora? Chi si sarebbe preso cura di loro? Nada e Bruno ebbero a malapena il tempo di tirare un sospiro di sollievo per la liberazione, prima di venire travolti da nuove preoccupazioni. Arrivati a Zagabria, vengono accolti alla Missione Italiana dal generale Oxilia, e accompagnati a casa, ma qui trovano il commissario Horvat che, dopo averli traditi, se n'è appropriato. Data la situazione, i ragazzi finiscono dalla nonna paterna, in attesa di poter essere mandati a Trieste, cosa non facile: in tempo di guerra, anche varcare i confini tra due Stati alleati come la Croazia e l'Italia non era ovvio.

Nada arrivò a Trieste a metà gennaio, ovvero due mesi dopo essere stata liberata. Il viaggio di Bruno, mio nonno, fu più lungo e complicato. La sua prima tappa fu Lubiana, occupata dagli italiani, dove si stava svolgendo un processo contro gli sloveni che avevano lottato contro le forze dell'Asse, in particolare contro i fascisti. Bruno si trovava con un delegato sloveno della Croce Rossa e per questo il suo viaggio verso Trieste venne interrotto nell'attuale capitale della Slovenia, dove andò a chiedere un aiuto al direttore della fabbrica Union, di fatto l'ex capo di suo padre Carlo. Medea ricorda nel diario la somma «donata»: mille lire. È un episodio molto vivido nella mente di mio nonno, che quando lo racconta non riesce a nascondere l'amarezza: non era una cifra del tutto insignificante ma bisogna considerare che si trattava di un bambino che aveva perso tutto, si ritrovava da solo a undici anni alla ricerca della via di casa, e non aveva altre porte a cui bussare. Il figlio di un uomo che aveva sempre lavorato onestamente per quell'azienda e che aveva perso il posto – e la vita – solo a causa della sua origine. Non è sorprendente l'amarezza di mio nonno – ancora viva dopo decenni – di fronte a quella elargizione modesta, fatta per lavarsi la coscienza. Alla fine, però, anche Bruno raggiunse Trieste, nella seconda metà del gennaio 1942.

Intanto, nel campo in cui ancora si trova, Medea ora è sola con le temperature che diventano sempre più rigide, le condizioni igieniche disastrose, la fame. Non può più condividere il poco cibo che Nada riceveva per il suo lavoro e non avendo più Bruno da accudire le vengono richiesti compiti da cui prima era almeno in parte esentata. L'unica consolazione è che le conoscenze di suo padre le permettono almeno di farle avere notizie dei ragazzi.

Medea parla poi di «primi morti»: in questo passaggio, presumibilmente intende che ci furono i primi deceduti per quanto riguarda il campo di concentramento di Loborgrad. Quest'ultimo è stato attivo dal settembre 1941 fino all'ottobre 1942, e vi sono morti almeno 200 tra donne e bambini, le categorie di prigionieri destinate a questo campo.

Il 23 dicembre Medea ritrova nel campo la moglie di suo cugino e sua madre. Poco dopo viene catturato anche suo cugino: tutti loro vengono poi mandati in Polonia.

Arriva l'agognato giorno della liberazione dal campo. Medea raggiunge Zagabria, dove viene condotta quasi subito in cella dagli Ustascia in attesa di sapere come comportarsi con lei. Due giorni dopo, un commendatore italiano, di cui non ci è pervenuto il nome, riesce a farla trasferire alla Missione Italiana, una sorta di ambasciata militare, dove viene presa in carico dal capitano Trinfoni che aveva il non facile compito di far arrivare Medea in Italia. Quest'ultimo era in possesso di una lettera scritta da Nada al suo superiore, il generale Oxilia, contattato tramite Raffaele che lo aveva conosciuto a Roma grazie a un amico dell'OVRA (Opera Vigilanza Repressione Antifascismo): ancora una volta è evidente come la famiglia di Medea si sia appoggiata quasi esclusivamente a italiani per cercare di ottenere la sua libertà. Come raccontato da Medea stessa, si era venuta a creare una situazione di discordia tra gli ufficiali italiani e quelli croati: questi ultimi infatti non gradivano che gli italiani salvassero quella che consideravano una loro prigioniera. Presumibilmente fu per questo che il capitano Trinfoni dovette chiedere aiuto al dottor W., prima di poter completare il proprio incarico e portare Medea in salvo a Trieste.

Il dottor W. di cui parla Medea è il suo ginecologo, il dottor Wildauer; mio nonno non ricorda perché questo nome sia stato censurato nella prima versione del diario, ma probabilmente si trattò di cautela: fu scritta come abbiamo visto nel 1944, a guerra ancora in corso, quando per quanto liberi Medea e i suoi figli non potevano ancora considerarsi al sicuro. Forse voleva evitare che il dottor Wildauer potesse subire rappresaglie qualora il diario fosse caduto in mani ostili.

Questa storia, come si vede, ha un lieto fine solo a metà. Medea riesce finalmente a partire e raggiungere Trieste, dove si ricongiunge con la propria famiglia. La tragedia che hanno vissuto ha portato via per sempre Carlo, che nel database dello Yad Vashem risulta assassinato, ma non compaiono una data né un luogo. Probabilmente morì a Jasenovac, nel 1941.

Conclusione

Una volta che la famiglia fu riunita a Trieste, il peggio era passato per Medea, Nada e Bruno. Questo non significa che i restanti anni di guerra siano stati semplici: i tre protagonisti della nostra storia, così come Raffaele e sua moglie Erminia, dovettero rifugiarsi a Schio, vicino a Vicenza, sotto la protezione di monsignor Tagliaferro, che li accolse anche grazie ai buoni rapporti tra Raffaele e il vescovo di Trieste, monsignor Santin.

Finita la guerra, la famiglia poté tornare a vivere normalmente, per quanto possibile. Medea era rimasta vedova, Nada e Bruno orfani. La fabbrica non c'era più, così come quasi tutti i loro averi, e diventarono italiani, come abbiamo visto.

«La Storia ce ne darà conto, un giorno,» così Medea conclude il suo diario, parlando delle sue compagne di Loborgrad. La Storia, in realtà, non ha ancora finito di compilare le stime e le liste delle vittime della Shoah; in queste pagine, abbiamo provato almeno a «dar conto» di questo pezzetto di destino, e ad aggiungere un frammento alla Memoria. La storia di Medea e dei suoi è la stessa di tante persone e di tante famiglie, e le storie del suo angolo d'Europa hanno meno spazio nei libri scolastici: raccontano un inferno non dissimile da quelli a noi più noti dei nazisti e dei fascisti, ma di cui si conosce meno.

Proseguendo il dialogo con mio nonno, gli ho chiesto cosa fece una volta finita la guerra. Una domanda di cui conosco già la risposta: prima la scuola alberghiera in Francia e poi l'inizio della trafila lavorativa da direttore di albergo, che lo portò a vivere in quasi ogni angolo dello Stivale. Decisiva la tappa a Ferrara, dove conobbe mia nonna, da cui ebbe due figli, mio papà e mio zio, e dove ancora abita. Definisce la sua vita felice e serena: forse perché, dopo esperienze così traumatiche vissute da bambino, ogni altra difficoltà gli deve essere sembrata più semplice da affrontare.

Nello scorrere della conversazione, tra un suo tiro di sigaro e l'altro, non riesco a togliermi del tutto la curiosità sull'esperienza di perdere così tanto in così poco tempo. A partire ovviamente da suo papà, argomento di cui non ha quasi mai parlato, per arrivare alla propria casa e ai propri averi. Cerco un modo di formulare una domanda che deve far male, cosa avesse provato nel ritrovarsi, dopo mesi di prigionia, in un mondo nuovo, senza punti di riferimento o quasi.

«Come ti sei sentito quando hai capito che avevate perso tutto? Quanto ha fatto male scoprirlo?»

«Francamente, già dai primi momenti non eravamo tanto speranzosi sulle possibilità di tornare a vivere la vita di prima o di tornare in possesso dei nostri averi» mi risponde, con più serenità del previsto. «Ovviamente non è stato semplice, né giusto, ma alla fine sono riuscito a togliermi le mie soddisfazioni sia lavorative sia familiari. C'è chi non ha avuto le mie possibilità, o chi le ha avute ma non è mai riuscito ad andare avanti.»

«Ma quindi, dopo tutto quello che avete vissuto, non avete nemmeno ottenuto alcun risarcimento?»

«Dalla Croazia no, non ottenemmo nulla. Una riparazione di guerra la ricevette mia madre dalla Germania e mi ci comprò questo orologio...» accenna all'orologio d'oro Zenith che porta al polso, uno dei pochi oggetti di valore che possiede e anche uno dei pochi a cui tiene, ora capisco perché, non certo per motivi economici. «La storia di quest'orologio è perfetta per descrivere la mia vita» riprende, per una volta mostrandosi meno restio a raccontare. «Una vita circolare, in cui tutto va e torna. È stato acquistato con i soldi del risarcimento di guerra, ovvero con del denaro ricevuto solo per aver vissuto un dolore immenso, che nessuna cifra può colmare. Allo stesso tempo, è forse oggi il ricordo più speciale e importante che ho di mia mamma. Anche per via della storia del cinturino...»

«Cosa c'entra il cinturino?»

«Sai, un tempo non era d'oro, ma di pelle. Il giorno del funerale di mia mamma, stavo tornando verso Milano in auto con tua nonna» riprende. «In un parcheggio trovammo un libretto di risparmio. Il giorno dopo la nonna Paola chiamò sua cugina Lidia, che abitava a Duino, e scoprì che il padre di un'amica di Lidia, un loro vicino, aveva perso il libretto di risparmio. Era proprio quello che avevo trovato io! Qualche giorno dopo quest'uomo, discretamente facoltoso, venne a recuperarlo all'Hotel Raffaello dove lavoravo e insistette per darmi una ricompensa. Dopo diversi rifiuti, decisi di accettarla.»

«E con quei soldi comprasti il cinturino...?» gli chiedo un po' confuso.

«All'inizio volevo prendere un regalo a tua nonna, ma lei non volle nulla. Allora decisi di comprare il cinturino, per abbellire l'orologio che mi aveva regalato mia madre. Ho pensato che fosse destino, che in qualche modo me lo avesse mandato lei. D'altronde quell'avvenimento così raro era accaduto proprio tornando dal suo funerale, come fosse un'ultima sorpresa» mi risponde.

Spegne il sigaro e osserva con sguardo malinconico l'orologio.

Azzardo un'ultima osservazione, che non è una domanda, o lo è solo a metà: «Anche se non lo avevi al tempo, è in quell'orologio che sono racchiusi i tuoi ricordi della guerra».

Allora alza lo sguardo e, sorridendo, mi risponde: «In questo orologio è racchiuso il ricordo della mia mamma e quindi sì, se vuoi, anche della guerra. Ma pensando a mia mamma, non sono i ricordi della guerra ad affiorare. Al contrario, sono quelli belli che mi vengono in mente. Quel poco che ricordo di quando ero bambino, le prime avventure da adulto, la sua gioia alla nascita dei suoi nipoti. Questi e tanti altri». E alla fine, mio nonno sorride: «La nostra vita non è stata solo guerra. Te l'ho detto che sono una persona fortunata».

Indice

Questo libro è stampato fabbricato da Grafica Veneta S.p.A.
con un processo di stampa e rilegatura certificato 100% carbon neutral
in accordo con PAS 2060 BSI

Finito di stampare nel mese di novembre 2024
per conto di RCS MediaGroup S.p.A.
da Grafica Veneta S.p.A., Via Malcanton 2, Trebaseleghe (PD)
Printed in Italy